A dream to be grasped.

For the people of Atlanta, the XXVIth Olympiad stands over the future like the cloud-capped peak of Mount Olympus. It is a dream to be grasped, a height to be scaled, a movement to be embraced. As a dream, it has drawn the city together in a bond of desire far greater than anything before. As a height, it has taught us to be creative yet disciplined in using Atlanta's considerable strengths to organize a remarkably convenient and compact Games plan. As a movement, it has enabled us to envision the ways in which we can share the unique culture and heritage of the American South with the rest of the world.

By conferring the honor of hosting the XXVIth Olympiad on the City of Atlanta, you will open the doors of the international community to a region of the United States that has often been excluded from global affairs. You will give the most populous region of the country—the East Coast—its own Games for the first time in history. And you will draw into the Olympic Movement the untapped resources and rich athletic traditions of the American South.

La poursuite d'un beau rêve.

Pour la population d'Atlanta, les Jeux de la XXVIe Olympiade apparaissent dans leur avenir semblables aux nuées qui couronnent le sommet du Mont Olympe. C'est la poursuite d'un beau rêve, c'est un pinacle à atteindre, c'est un but à étreindre. C'est un rêve qui a fait l'unanimité plus que n'importe quel autre projet auparavant. C'est un pinacle à atteindre qui a sollicité de notre part à tous autant de bonne volonté dans l'art d'organiser un plan digne des Jeux, que de sens pratique et de discipline pour créer un ensemble homogène et cohérent. C'est un but qui nous a permis de considérer les nombreuses manières de faire partager au reste du monde la culture originale et l'héritage incomparable du Sud.

En nous accordant l'honneur d'accueillir les Jeux de la XXVIe Olympiade, vous ouvririez les portes de la communauté internationale à une région qui a trop souvent été exclue des grands courants mondiaux. Vous conféreriez à la partie la plus peuplée de notre pays, la Côte Est, pour la première fois dans l'histoire, ses propres célébrations olympiques. Enfin vous attireriez vers le Mouvement olympique les ressources inestimables et les riches traditions sportives dont le Sud est si fier.

The Atlanta skyline at night — a glistening symbol of the resurgence of the American South.

La silhouette nocturne d'Atlanta — un éclatant symbole du renouveau du Sud.

Often called the city of trees, Atlanta is home to some of the most beautiful neighborhoods in the United States.

Souvent appelée «la cité des arbres» Atlanta possède quelques uns des plus beaux quartiers résidentiels des Etats-Unis.

From the Civil War battlements of Kennesaw Mountain, the skyline of Atlanta rises on the horizon.

A partir du Mont Kennesaw, champ de bataille de la Guerre de Sécession, on distingue la silhouette d'Atlanta.

12
ATLANTA TODAY
ATLANTA AUJOURD'HUI

22
TRANSPORTATION
LES TRANSPORTS

27
ACCOMMODATIONS
L'HEBERGEMENT

31
ORIENTATION MAP
PLAN D'ORIENTATION

33
COMMUNICATIONS
LES TELECOMMUNICATIONS

35
CULTURE
LA CULTURE

57
POINTS OF INTEREST
LES POINTS D'INTERETS

The unprecedented challenge of the 1996 Olympics.

Since the XXVIth Olympiad will celebrate the conclusion of one Olympic era and inaugurate a new Olympic century, the city that is chosen to host the 1996 Summer Games faces an unprecedented challenge — the grand challenge of lifting the eyes of the world beyond athleticism to the foundations of Olympism itself.

More than any other Olympiad in modern times, the 1996 Games provide the framework for bringing to light the noble ideals and principles that underlie the Olympic Movement. Within the structure of Pierre de Coubertin's belief that "Olympism is not a system, it is a state of mind," these Games offer a unique opportunity to rekindle the Olympic Flame in the hearts of the young and to reunite the family of man in the profound bond of the Olympic Spirit. By emphasizing these ideals, the Atlanta Olympiad will stress the justice and equality inherent in fair play.

As the birthplace of the modern human rights movement, Atlanta has the moral vision to express these ideals exceedingly well and to foster a far greater appreciation for the achievements of the International Olympic Committee. At the heart of our quest for the Games is a deep desire to provide the athletes and leaders of the future with a renewed vision of the global potential of Olympism — and in the process give the Olympic Movement fresh momentum as it enters the next century.

Un défi sans précédent.

Puisque les Jeux de la XXVIe Olympiade se situeront à la charnière de deux siècles, ils proposent à la ville qui les accueillera un défi sans précédent : il s'agira de présenter à tous les regards non seulement une manifestation d'athlétisme, mais plus encore un témoignage de l'Esprit olympique qui a présidé à leur établissement.

Plus que tous les autres Jeux Modernes, ceux de 1996 sont destinés à mettre en lumière les idéaux et les nobles principes sur lesquels le Mouvement olympique est fondé. Par référence aux paroles de Pierre de Coubertin : «l'Olympisme n'est point un système, c'est un état d'esprit», ils offrent une occasion unique, en rallumant la Flamme olympique au coeur de la génération nouvelle, d'étendre les liens que l'Esprit olympique a su créer, et de le propager au sein de la famille humaine. En se fondant sur ces idéaux, Atlanta saurait, en accueillant les Jeux de 1996, donner un lustre nouveau aux notions de justice et d'égalité inhérentes à l'esprit sportif.

En tant que berceau du mouvement pour les droits de l'homme, Atlanta a fait preuve d'une vocation toute particulière à respecter ces idéaux et à en apprécier la valeur, tels que le Comité International Olympique a su les approfondir et les développer. Il y a, au sein de nos démarches pour accueillir les Jeux de l'Olympiade, le profond désir de présenter aux champions comme à tous les dirigeants de l'avenir l'influence mondiale de l'Esprit olympique sous un jour nouveau et, par celà même, de conférer au Mouvement olympique une force vitale nouvelle au seuil du prochain millénaire.

ATLANTA TODAY

Atlanta today. A symbol of the future.

For many Americans today, Atlanta stands as a shining symbol of the future. A city of promise. A city of vision. A city that has managed to shape a technologically advanced environment without compromising its moral vision or charming quality of life.

Against the backdrop of the Civil Rights Movement, Atlanta became a major influence in American life during the last two decades. The city mounted its dramatic rise to prominence on the strength of a robust economy, a surging population and a series of highly visible accomplishments in the public and private sectors.

Atlanta aujourd'hui. Un symbole de l'avenir.

Beaucoup d'Américains considèrent Atlanta comme un éclatant symbole de l'avenir. Une ville riche de promesses. Une ville riche de perspectives. Une ville qui a su intégrer des technologies avancées sans diminuer sa séduisante qualité de vie, ni affecter son rayonnement moral.

Sous les auspices du Mouvement pour les Droits Civils, Atlanta est devenue, ces vingt dernières années, une ville qui joue un rôle influent dans toute l'Amérique. Notre ville a gagné une place de premier ordre de manière spectaculaire grâce à une économie stable et diversifiée, à une population toujours croissante, et à une série de réalisations, dans le domaine public comme dans le domaine privé, dont il est aisé de constater les remarquables accomplissements.

Within the space of ten years, Atlanta built one of the world's largest and busiest airports, inaugurated a modern rapid rail system, opened several world-class museums, constructed some of the world's largest and finest conference and sports facilities, beamed the world's first all-news television network around the globe, revitalized its urban center with a dynamic five block shopping and entertainment complex, thoroughly rebuilt the finest interstate highway system in the American South and became the nation's ninth largest city.

During this extraordinarily fertile period of growth, Atlanta became the undisputed center of sport, transportation, education, communication, commerce, and culture in the American South, a region of the country whose unique heritage and beauty is just now being discovered by the rest of the world.

En moins de dix ans, la ville d'Atlanta a construit un aéroport qui est un des plus vastes et des plus actifs du monde, elle a lancé un système ultra-moderne de transports urbains, elle a ouvert plusieurs musées de classe internationale, elle a édifié un centre de congrès qui est le troisième des Etats-Unis par son importance, ainsi que des terrains de sports et des salles de conférences parmi les plus spacieux et les mieux équipés qui soient, elle a créé la première chaîne au monde de journal télévisé «24 heures sur 24», elle a redéveloppé largement son centre ville au moyen d'un dynamique complexe commercial, elle a rénové totalement l'ensemble des autoroutes qui constituent à présent le meilleur réseau routier de tout le Sud des Etats-Unis, enfin Atlanta s'est imposée au neuvième rang des villes américaines.

Tout au long de cette période de croissance extraordinaire, Atlanta est devenue le centre des transports, des télécommunications, de l'éducation, du commerce, de la culture et des sports pour les Etats du Sud, une partie de notre pays dont l'héritage original et la beauté commencent à peine à se faire connaître du reste du monde.

The symbol of the city is the Phoenix, the mythical bird that rose from its own ashes — just as Atlanta did after the devastation of the American Civil War.

L'oiseau fabuleux de la mythologie gréco-romaine, le Phénix qui renaît de ses cendres, tel est le symbole d'Atlanta, ville comme lui renée de ses cendres, après le désastre de la Guerre de Sécession.

The youthful spirit of Atlanta is displayed all year round in celebrations that draw its diverse populace together. Light Up Atlanta, the festival pictured here, and the recent opening of Underground Atlanta, a 22-acre entertainment center in the heart of the city, both drew more than 1 million people.

Au long de l'année, des festivités sans nombre, auxquelles participent d'un même élan tous ses habitants, témoignent de l'allant et de la jeunesse d'esprit d'Atlanta. La fête du «Light Up Atlanta», qu'on voit ici, et la récente inauguration de «Underground Atlanta», un complexe de près de 9 hectares en plein centre de la ville combinant une grande variété de boutiques, d'attractions diverses et de restaurants, avaient attiré plus d'un million de visiteurs.

Atlanta. A young city for a new Olympic era.

Like any major metropolitan area with a population of almost three million, Atlanta is a city rich in cultural contrasts and ethnic diversity. But it is also a city united by a common bond of youthful vitality. There is a tangible sense that Atlanta is always on the verge of something new. It is a feeling rooted in the impressive development of the last two decades, a feeling that fuels a strong sense of civic optimism and a desire to make a difference in global matters.

The city's youthful vitality is also an expression of the spirit of its people. Newcomers arrive in Atlanta by the thousands each month, seeking the unparalleled opportunities the city's growth has fostered. They come from all over the United States and all over the world. As they have arrived and settled in, they have discovered that Atlanta is a friendly city that embraces newcomers and visitors with open arms.

Atlanta. Une ville jeune pour une nouvelle ère olympique.

Comme toutes les grandes métropoles, Atlanta, avec ses trois millions d'habitants, possède une grande richesse ethnique et culturelle. Mais c'est aussi une ville qui a su maîtriser la diversité de ces éléments au profit de son esprit d'entreprise en les réunissant pour aller de l'avant avec la fougue de la jeunesse. Au cours des vingt dernières années, Atlanta a fait preuve d'une constante progression dans tous les domaines ; le sentiment qu'elle donne est celui d'avoir puisé à la source d'un profond sens civique un optimisme bien fondé, et la volonté de s'affirmer sur le plan mondial.

Aussi cette vitalité exprime-t-elle l'élan de tout un peuple. C'est par milliers que de nouveaux arrivants viennent à Atlanta chaque mois, attirés par les innombrables possibilités offertes par une ville en pleine expansion. Ils viennent de tous les Etats-Unis, et de partout dans le monde. Au fur et à mesure de leur arrivée, ils découvrent en Atlanta une ville cosmopolite et attrayante, qui les reçoit tous à bras ouverts.

While leading the resurgence of the "Sun Belt," as the American South is known, Atlanta has attracted hundreds of companies eager to share in its growth and quality of life. For the last four years, America's corporate leaders have rated Atlanta as the best city in the United States to launch a new business. And more than 1,200 international companies now have operations in Atlanta.

Atlanta is, indeed, a city on the rise, a showcase of modern technology poised at the threshold of the future. It is a young city ideally equipped to launch a new Olympic era. More importantly, Atlanta is a city united in its desire for the Games.

A la tête du renouveau dans la «Ceinture du Soleil», comme on appelle les Etats du Sud, Atlanta a attiré des centaines de sociétés désireuses de partager son développement et sa qualité de vie. Depuis quatre ans elle est considérée par les plus importants chefs d'entreprise des Etats-Unis comme la ville la plus propice du pays à la création d'affaires. A l'heure actuelle, plus de 1.200 sociétés internationales sont présentes à Atlanta.

Sans conteste, Atlanta est une ville en pleine ascension, une ville équilibrée à la pointe du progrès et au seuil de l'avenir. C'est une ville jeune idéalement équipée pour lancer une ère olympique nouvelle. Par dessus tout c'est une ville dont le désir d'accueillir les Jeux de 1996 réunit tous les suffrages.

The drive to bring the Games to Atlanta has captured the imagination of the city like nothing before. Volunteers have signed up by the tens of thousands. They realize the Games are more than an opportunity for Atlanta to take its place in the international community.

Atlantans understand that the Games provide, as no other event could, a chance for the city to demonstrate to the world the true power of the Olympic Ideals. Atlanta is by no means perfect, but in many ways it embodies the values of human liberty and equality as well as any city on earth. As the birthplace of the Civil Rights Movement and for many the modern capital of human rights, Atlanta reflects the high ideals of Olympism.

During the last two decades, Atlanta has built a community in harmony and has proven that the principles of brotherhood and peace can help a city prosper. Through its commitment to moral leadership, Atlanta has become a beacon of hope for many Americans, a city that found a way to leave its divisions behind and learn to celebrate its common purpose. Today the people of Atlanta are united more closely than ever by their desire to bring the world together in the 1996 Olympic Games.

Led by three Atlanta Olympians, more than 7,000 runners demonstrated the city's intense desire for the 1996 Games on 5 September 1989 by joining in the largest 5 km road race ever run in the United States.

Rien n'a jamais fasciné l'imagination des habitants d'Atlanta comme le désir d'accueillir les Jeux de 1996 ; des dizaines de milliers de volontaires se sont enregistrés pour offrir leur assistance. Tous comprennent que les Jeux de l'Olympiade représentent beaucoup plus qu'une occasion pour Atlanta d'occuper le rang qui lui est dû dans la communauté internationale. Les habitants d'Atlanta comprennent que les Jeux, mieux que toute autre manifestation, offrent à la ville la chance d'affirmer la véritable et profonde influence des Idéaux olympiques.

Sans être une ville parfaite, Atlanta incarne pourtant de bien des façons, et aussi bien que d'autres, les valeurs humanitaires de liberté et d'égalité.

En tant que berceau du Mouvement pour les Droits Civils et, pour beaucoup, capitale moderne des droits de l'homme, Atlanta incarne plus particulièrement les idéaux élevés du Mouvement olympique. Depuis vingt ans, Atlanta a réussi à développer une nouvelle communauté fondant son harmonie sur les principes de paix sociale et de fraternité humaine. Investie de cette autorité morale, Atlanta a su construire, sur les bases d'un dur labeur et de grands sacrifices, une communauté aujourd'hui plus étroitement unie que jamais par l'ambition de réaliser sur son sol une entente universelle, à l'occasion des Jeux de 1996.

Une preuve concrète de cet élan général fut apportée le 5 septembre 1989. En l'honneur de nos invités du Comité Olympique International, 7.000 personnes se sont rassemblées pour participer à une course de 5 km.

TRANSPORTATION

Atlanta's international airport.

The gateway to the Olympics.

As the gateway to the Games, Atlanta's Hartsfield International Airport sets a high standard for convenience and efficiency in international air travel. Conceived and designed for Olympic-sized events, Hartsfield features the largest passenger terminal complex in the world. Its modern 204,000 m² interior will easily accommodate the 60 million people who will arrive and depart in 1996.

L'aéroport international d'Atlanta.

La porte d'accès pour les Jeux Olympiques.

Hartsfield, l'aéroport international d'Atlanta, correspond exactement, par le niveau de ses prestations, aux qualités d'efficacité et de commodité requises par un trafic international ; il représente la meilleure des portes d'accès pour les Jeux Olympiques. Conçu et réalisé pour des foules de cette importance, l'aéroport d'Hartsfield possède le plus vaste complexe au monde de terminaux pour les passagers. Ses aménagements intérieurs, sur 204.000 mètres carrés de surface, lui permettraient aisément de traiter un trafic de 60 millions de passagers qui arriveront et partiront en 1996.

Continually ranked among the world's busiest airports, Hartsfield handles more than 2,200 flight operations a day. More than 30 airlines serve 146 international and domestic gates spread over five concourses. From Atlanta direct service is available to virtually every major city in the United States. In fact, more than 83 percent of the nation's population — more than 210 million people — live within a two hour flight of Atlanta. With a single connection an international traveler can now reach Atlanta from almost anywhere in the world. Hartsfield currently offers direct service to more than 25 international cities, a figure that is expected to rise dramatically by 1996. In design, Hartsfield is a model of efficiency. Despite its vast size, passengers can move from one end of the airport to the other in a matter of minutes. A 1.6 km subway system provides free and swift transportation between the main passenger terminal and the five concourses. The concourse closest to the passenger terminal is dedicated to international travel, which will make the transition into the city particularly convenient for international Olympic guests.

Avec plus de 2.200 vols quotidiens, Hartsfield se classe régulièrement parmi les aéroports les plus fréquentés du monde. Plus de 30 compagnies aériennes desservent 146 accès, nationaux et internationaux, répartis sur cinq aires différentes. Atlanta est reliée sans escale à quasiment toutes les grandes villes d'Amérique ; de fait, 83 percent de la population américaine, soit plus de 210 millions de personnes, vivent à moins de deux heures de vol d'Atlanta. Il suffit en général d'un seul changement pour qu'un voyageur en provenance de n'importe quelle partie du monde atteigne Atlanta. Actuellement, 25 métropoles dans le monde sont reliées à Atlanta par des vols directs, et on s'attend à une augmentation spectaculaire de ce chiffre d'ici à 1996.

Les aménagements intérieurs d'Hartsfield sont un modèle d'efficacité; en dépit de sa surface immense, il ne faut que quelques minutes pour le parcourir de bout en bout. Un métro souterrain ultra-rapide de 1.6 km amène gratuitement les passagers depuis le centre de l'aéroport jusqu'aux terminaux. La partie de l'aéroport réservée aux voyageurs internationaux est la plus proche de son accès principal, ce qui le rend particulièrement commode pour tous les invités des Jeux Olympiques.

ACCESS

MARTA. A direct link to the city

and the 1996 Olympic venues.

Convenient transportation from the airport throughout the city is ensured by MARTA, Atlanta's modern rapid rail system. Considered a model transit system by many international experts, MARTA's rapid rail system will serve 39 stations by 1996 and offer peak load capacities of almost 100,000 passengers per hour. Within the MARTA system, more than 240 rail cars interface efficiently with more than 700 buses, extending MARTA's coverage to more than 2,500 km of surface streets and highways. More than 500,000 passengers now ride MARTA on an average day, which clearly indicates Atlanta's capability to efficiently transport the 250,000 visitors expected at the Olympics.

MARTA. Trait d'union entre la ville

et les rendez-vous olympiques.

Le plus pratique et le plus rapide des moyens de communication entre l'aéroport et la ville est le réseau de transports en commun, appelé «MARTA» qui comprend les autobus aussi bien que le métro. Ce dernier, considéré comme un modèle du genre par les experts internationaux en la matière, desservira 39 stations avant 1996, offrant une capacité d'accueil de près de 100.000 passagers à l'heure. La combinaison de plus de 700 autobus avec 240 rames de métro couvre environ 2.500 km de parcours. Plus de 500.000 passagers en moyenne utilisent quotidiennement «MARTA», ce qui démontre les facilités de transport que rencontreraient les 250.000 arrivants attendus pour les Jeux.

Atlanta boasts one of the most highly regarded and thoroughly modern high-speed train systems in the United States. MARTA, the Metropolitan Atlanta Rapid Transportation Authority, provides interconnected services throughout the city.

Atlanta possède un des réseaux de transports rapides le plus moderne des Etats-Unis. Ce réseau, appelé «MARTA», (Metropolitan Atlanta Rapid Transportation Authority) dessert la ville et ses environs.

All of the Atlanta area venues can be conveniently reached by a combination of rapid rail and/or short-loop shuttle buses. The brief commute from the airport into the center of the Olympic Ring, where 64 percent of the programme will take place, is only 16 km. Two of MARTA's center city rapid rail stations provide direct escalator access to the Olympic Centre, which sits at the heart of the Ring and serves as a concentrated hub for 11 separate sports competitions. The convenience of MARTA extends to the Olympic Village, the Olympic Family Hotel and the Media Centre, all of which are located within the Olympic Ring.

During the Games, MARTA will serve as the backbone of the Olympic Transportation System for spectators, while a fleet of dedicated secured vehicles, including limousines, autos, vans and buses, will be employed to ensure the timely transport of Olympic Family members and media personnel to all venues and events. Strategic interstate highway lanes and surface streets will be reserved and secured for the exclusive use of the Olympic Family.

A Atlanta, on rejoint très vite n'importe quel lieu de réunion grâce à des navettes spéciales assurant la correspondance avec le métro. De l'aéroport au centre du Cercle Olympique, où prendrait place 64% du programme, il n'y a que 16 km de distance. Deux des stations de métro donnent directement accès au Centre Olympique par des escaliers roulants; ce Centre, situé au milieu du Cercle peut regrouper 11 sports différents.

Le Village Olympique, l'Hôtel de la Famille Olympique et le Centre Médiatique, tous situés à l'intérieur du Cercle Olympique, seraient donc au même titre des dessertes de «MARTA».

Pendant la durée des Jeux, les spectateurs utiliseraient le Réseau Olympique de Transports, avec «MARTA» principalement, tandis que les membres de la famille olympique et les journalistes se verraient réservés, pour leur sécurité, bon nombre de véhicules spécialement destinés à leurs déplacements : limousines, minibus et autobus.

Des portions d'autoroutes et certaines rues seraient réservées à l'usage exclusif de la famille olympique.

For members of the Olympic Family, Atlanta's Olympic Transportation System will provide secured and timely transit to all venues and events at the appropriate level of comfort during the 1996 Games.

Le Réseau Olympique de Transports d'Atlanta est conçu pour assurer aux membres de la famille olympique tous les déplacements nécessaires pendant la durée des Jeux, dans les meilleures conditions de confort et de sécurité.

ACCOMMODATIONS

Accommodations that are unsurpassed.

Hospitality that is unexcelled.

Atlanta's extensive, interconnected network of hotel, conference, exhibition and sports facilities has helped make the city — along with San Francisco and New York — one of the top three conference and meeting sites in the United States. Last year, Atlanta attracted more than 13 million visitors, a new record capping a decade that drew more than 100 million to the city.

Those who visit today are greeted with the charming hospitality for which Atlanta is known and are offered a choice of more than 50,000 hotel rooms. It is certain that Atlanta will have more than 63,000 hotel rooms by the summer of 1996, providing more than 120,000 beds for the city's Olympic guests. An additional 32,000 beds will be available at nearby hotel and resort properties.

Des facilités de logement sans égales.

Une hospitalité sans pareille.

Atlanta possède une rare concentration d'hôtels, de salles de conférences, de gymnases et de terrains de sport, tous reliés les uns aux autres, et qui en font, avec San Francisco et New-York, une des trois villes de congrès les plus importantes aux Etats-Unis. L'année dernière Atlanta a reçu plus de 13 millions de visiteurs : un nouveau record, pour couronner les dix années au cours desquelles elle en a reçu plus de 100 millions.

Ceux qui nous rendent visite jouissent de la chaleureuse hospitalité pour laquelle Atlanta est réputée, et se voient offrir un choix de plus de 50.000 chambres d'hôtel. Au rythme actuel de sa croissance, Atlanta aura plus de 63.000 chambres d'hôtel avant l'été de 1996, ce qui signifie plus de 120.000 lits disponibles pour les invités des Jeux. De plus, 32.000 lits supplémentaires sont prévus dans des hôtels avoisinants, et des résidences de luxe aux environs de la ville.

The dazzling interior of the Marriott Marquis, which will serve as the Olympic Family Hotel, reflects the overall quality of Atlanta's abundant accommodations facilities. By 1996, the city will offer more than 63,000 hotel rooms and more than 120,000 beds to its Olympic guests.

L'éblouissant intérieur du Marriott Marquis, dévolu à la famille olympique, reflète les qualités inégalables d'Atlanta dans le domaine de l'hébergement. Avant 1996, la ville aura à offrir plus de 63.000 chambres d'hôtel et plus de 120.000 lits à ses invités.

Atlanta's Olympic housing plan is thorough and convenient. While the 15,500 athletes and officials expected at the Games will enjoy the amenities of the Olympic Village, members of the IOC, NOCs and IFs will enjoy the unsurpassed accommodations of the Atlanta Marriott Marquis, a spectacular 1,674-room tower that has earned the right to serve as the Olympic Family Hotel.

Remaining members of the Olympic Family will be conveniently accommodated in the wide selection of center city hotel rooms available in 1996, all of which will be within walking distance of the Olympic Centre and the abundant amenities at the heart of the Olympic Ring. Media representatives will be offered a choice of accommodations at center city hotels and apartment facilities at Emory University and other college campuses.

Le plan d'hébergement olympique d'Atlanta a été soigneusement étudié. Les 15.500 concurrents et officiels des équipes partageraient les agréments du Village Olympique, tandis que les membres du Comité Olympique International, des Comités Nationaux et des Fédérations Internationales bénéficieraient des luxueuses prestations du Marriott Marquis d'Atlanta, un hôtel spectaculaire qui, avec ses 1.674 chambres, aurait l'honneur d'accueillir la famille olympique.

Les autres membres de la famille olympique seraient logés dans les hôtels voisins, qui offrent un large éventail de possibilités. Tous les hôtels du centre ville sont à proximité immédiate du Centre Olympique et des innombrables agréments offerts au coeur du Cercle Olympique. Les journalistes se répartiraient entre les hôtels du centre ville et les cités universitaires avoisinantes.

At the heart of Atlanta's Olympic accommodations plan are such world-class hotels as the Atlanta Hilton, the Marriott Marquis, the Peachtree Plaza and the Omni International, all within 1 km or less of the Olympic Centre. The gracious traditions of southern hospitality mark the service at the city's hotels and help create the inviting ambience at Atlanta's fine international restaurants.

Le plan d'hébergement olympique d'Atlanta comprend des hôtels de classe internationale comme le Hilton Atlanta, le Marriott Marquis, le Peachtree Plaza et l'Omni International, tous situés à un kilomètre au plus du Centre Olympique. Les gracieuses traditions de l'hospitalité du Sud rendent aussi agréable le séjour à l'hôtel que chaleureuse l'ambiance de ses grands restaurants.

INTERNATIONAL TIME ZONE

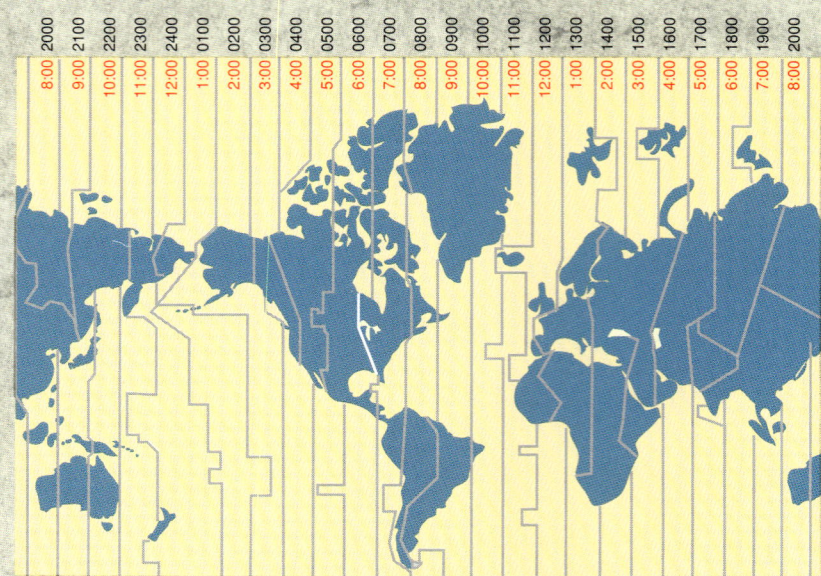

Atlanta is located in the Eastern Time Zone, which is five hours earlier than the prime meridian time at the Greenwich Observatory in England. Cities such as Boston, New York, Philadelphia, Washington D.C., Miami and Atlanta make this the most densely populated time zone in the United States — and the most important zone for television programming schedules. An Atlanta Olympiad would offer optimum prime time television exposure in the United States market.

Par rapport à l'heure du méridien d'origine de Greenwich (Angleterre), Atlanta se trouve dans la zone est, à cinq heures de moins. Les villes de Boston, New York, Philadelphie, Washington D.C., Miami et Atlanta se trouvent à l'intérieur du même fuseau horaire qui constitue la partie la plus peuplée des Etats-Unis. C'est pour les retransmissions télévisées aux Etats-Unis la garantie d'une couverture médiatique de toute première importance; une Olympiade à Atlanta aurait sur le marché américain un impact sans précédent.

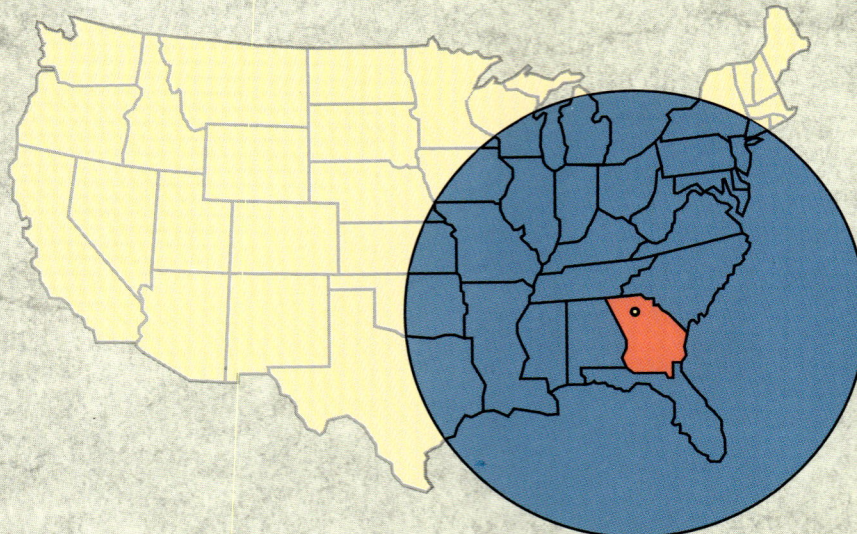

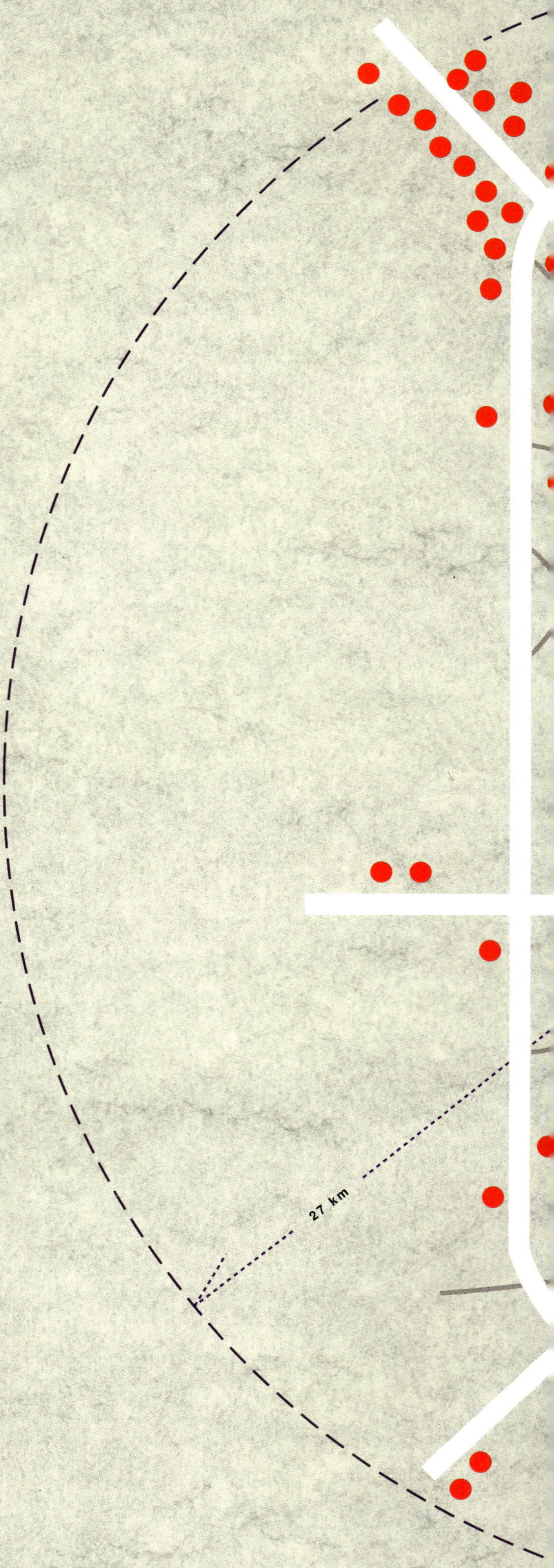

Atlanta's strategic geographic location has helped it develop into the center of transportation, communication, education, commerce, culture and sport in the southeastern United States.

La situation géographique d'Atlanta a été une principale raison de son développement dans le domaine des transports, des télécommunications, de l'enseignement, du commerce, des arts et des sports, dans la région Sud-Est des Etats-Unis.

The dense concentration of hotels in downtown Atlanta and the large number of hotels throughout the metropolitan area support the city's reputation as one of the premiere conference and meeting centers in the United States.

La réputation internationale d'Atlanta en tant que ville de congrès, une des toutes premières aux Etats-Unis, est due en partie à la densité des hôtels en son centre et à leur nombre dans les quartiers avoisinants.

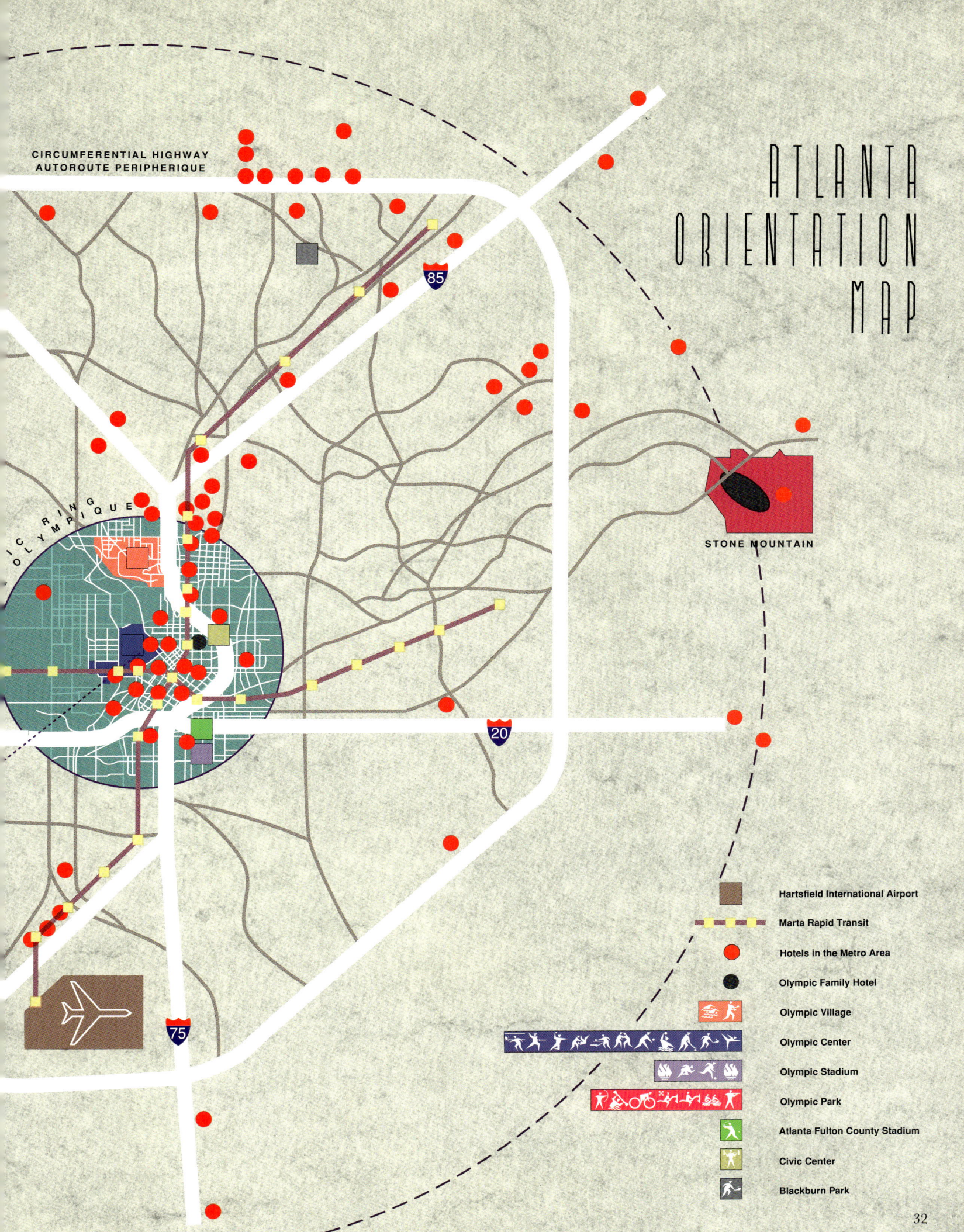

If Atlanta is awarded the 1996 Games, the city's preparations will receive an unusually high degree of international coverage. Television viewers around the world will be kept abreast of Atlanta's progress by CNN, the Atlanta-based international news network that currently reaches a global audience of more than 200 million.

Si Atlanta avait l'honneur d'accueillir les Jeux Olympiques de 1996, les préparatifs de la ville bénéficieraient d'une publicité universelle peu courante, grâce aux moyens qu'elle est à même de mettre en oeuvre : «C.N.N.» est reçue par environ 200 millions de téléspectateurs à travers le monde, ce qui garantirait aux préparatifs d'Atlanta pour les Jeux de 1996 une audience universelle.

COMMUNICATIONS

Beaming the Olympic story to a waiting world.

World-class coverage of all Olympic events is virtually ensured by Atlanta's technologically advanced telecommunications infrastructure. Every venue is now linked to every major communications site in Atlanta's Olympic plan by state-of-the-art fiber optic lines. The fiber-optic ties between the venues and the Media Centre will provide the seamless transmission path necessary for the video, voice and data coverage of every event. The flawless international news coverage of the 1988 Democratic Presidential Nominating Convention, which was covered by more than 15,000 international journalists, is one recent example of Atlanta's technological capabilities.

Every major television network in the United States, including ABC, CBS and NBC, have impressive facilities in Atlanta, all capable of creating and distributing international satellite signals. Atlanta is also the home of Cable News Network (CNN), the established international leader in the delivery of around-the-clock television news. There are more than fifty national and international telephone companies in Atlanta. BellSouth, one of the world's largest telecommunications giant; Southern Bell, which serves more than 16 million telephone lines; and IBM, the world's leading computer manufacturer, are each intimately involved in the development of Atlanta's Olympic Telecommunications System.

Le déroulement des Jeux en direct

à travers le monde.

L'infrastructure des télécommunications à Atlanta, avec ses technologies de pointe, est à même d'assurer une information de première classe, couvrant tous les événements. En vertu du plan olympique, chaque lieu de rencontre sportive est relié aux principaux centres émetteurs par cette technique hautement performante, et le Centre Médiatique lui-même est donc en mesure de transmettre sur le champ et continûment les informations de toutes natures par affichage électronique. En 1988, le Congrès du Parti Démocrate, qui s'est déroulé à Atlanta, a attiré plus de 15.000 journalistes : il a fait l'objet de reportages internationaux qui ont démontré à la perfection les capacités techniques d'Atlanta en ce domaine.

Les chaînes de télévision les plus importantes des Etats-Unis, «A.B.C.», «C.B.S.» et «N.B.C.» comprises, possèdent à Atlanta des installations reliées directement aux satellites internationaux. La ville est également le siège de «C.N.N.» (Cable News Network), la première chaîne au monde d'informations «24 heures sur 24». Il y a ici plus de 50 compagnies de téléphone, nationales et internationales; BellSouth, une des plus importantes compagnies de télécommunications au monde; Southern Bell, qui dessert plus de 16 millions de lignes et I.B.M., le «géant» de l'ordinateur, sont les principaux auxiliaires du Réseau Olympique de Télécommunications d'Atlanta.

CULTURE

Atlanta. A vibrant center of culture and art.

Just as the South has long been recognized as the home of America's finest literature and music, Atlanta has always been admired as the Southern center of culture and art. The opening of the High Museum of Art's new building in 1983 symbolized the depth of Atlanta's commitment to culture. A dazzling architectural showcase, the new High Museum drew international accolades for its stunning design.

Today, Atlanta is home to a thriving multi-cultural creative community that expresses itself in dance, theatre, music, sculpture, painting, puppetry and comedy to name but a few of the leading disciplines. A year-round calendar of performances is filled by more than 60 professional theatre groups, seven prominent symphony orchestras, 30 dance troupes, 250 vocal groups and countless visiting acts. Atlanta now claims 50 separate performing arts venues with more than 45,000 seats and 13 larger civic venues with seating for more than 220,000. More than 75 museums, galleries and halls provide the exhibition space to appease Atlanta's interest in all the arts.

Always ranked as the city's leading forces of artistic expression are the Atlanta Symphony Orchestra, the Alliance Theatre, the Academy Theatre and the Atlanta Ballet. Under the direction of Maestro Yoel Levi, the Orchestra has achieved international acclaim. The Ballet, which recently celebrated its 60th anniversary, is the oldest continuously performing company in the United States. The two theatres are respected across the nation for the consistent quality of their stage productions, which embrace everything from the classics to the experimental. Led by these extraordinary groups, more than 100 local cultural and art organizations will join hands as the catalytic force in implementing Atlanta's international plan for the Cultural Olympiad.

Atlanta. Une vibrante capitale des arts et de la culture.

Tout comme le Sud des Etats-Unis a été reconnu depuis longtemps pour la patrie d'une musique et d'une littérature originales, Atlanta a toujours été considérée comme la capitale du Sud des arts et des lettres. L'inauguration du nouvel édifice du «High Museum of Art» en 1983 symbolise l'attention passionnée portée par la ville à toutes les formes de la culture contemporaine. Une étonnante architecture fait de ce musée une oeuvre d'art recevant l'admiration de tous.

Aujourd'hui Atlanta est un berceau d'activités artistiques en pleine effervescence : danse, théâtre, musique, sculpture, peinture, comédie musicale et spectacles de marionnettes pour ne citer que les principales. Le calendrier annuel des festivités comprend d'innombrables manifestations : 60 troupes théâtrales professionnelles, 7 orchestres symphoniques de qualité, 30 corps de ballet et 250 chorales s'y produisent régulièrement, sans compter les spectacles en tournée. Atlanta peut se targuer actuellement d'être à la tête de 50 salles de spectacles différentes, comptant plus de 45.000 places, et de 13 amphithéâtres publics pouvant asseoir plus de 220.000 personnes. Plus de 75 musées, galeries d'art et d'exposition lui dispensent l'espace nécessaire à l'expression artistique la plus variée.

Les chefs de file de ces activités culturelles sont le «Atlanta Symphony Orchestra», le «Alliance Theatre», le «Academy Theatre» et le «Atlanta Ballet». Sous la direction de son chef, Yoel Levi, l'orchestre ne cesse d'accroître sa renommée internationale; le Ballet, qui vient de célèbrer son soixantième anniversaire, est la plus ancienne compagnie des Etats-Unis, et les deux théâtres sont réputés dans tout le pays pour la qualité des pièces qu'ils montent, tant classiques que d'avant-garde. Menées par ces troupes prestigieuses, plus de cent organisations artistiques sont prêtes à participer aux manifestations culturelles qui feront partie intégrante des célébrations de l'Olympiade.

THEATRES/THEATRES

24 Chastain Amphitheatre

25 **Center for Puppetry Arts.** The museum tour, which includes a magnificent international collection of puppets and marionettes, is a favorite of school groups and families.

Les représentations en sont évidemment la principale attraction, mais la visite du musée, qui comprend une magnifique collection internationale de marionnettes et d'automates, fait la joie des groupes scolaires et des familles.

26 **Robert W. Woodruff Arts Center.** The Woodruff Arts Center provides a home for The Atlanta Symphony Orchestra, The Alliance Theatre, the Studio Theatre, the Atlanta College of Art and the Atlanta Children's Theatre.

Le R. W. Woodruff Arts Center est la résidence permanente de «Atlanta Symphony Orchestra», de l'«Alliance Theatre» du «Studio Theatre» de l'«Atlanta College of Art» et de l'«Atlanta Children's Theatre».

26 **Atlanta Symphony Orchestra.** The Atlanta Symphony Orchestra has earned distinction as one of the leading orchestras in the American South. Under the spirited direction of Yoel Levi, it brings the classics to life in performances that never fail to produce ovations.

L'«Atlanta Symphony Orchestra» est une des grandes formations des Etats-Unis. Sous la direction inspirée de Robert Shaw, et de Yoel Levi, qui lui a succédé il y a peu, l'Orchestre a su donner aux oeuvres classiques ces vivantes interprétations qui ont toujours mérité les ovations d'un public éclairé.

26 **Alliance Theatre.** Atlanta's leading theatrical company performs about six plays a season, mixing the classics with the contemporary.

La principale compagnie théâtrale d'Atlanta présente six pièces environ par saison, classiques et modernes, en alternance.

26 **Studio Theatre.** Downstairs from the Alliance Theatre at the Woodruff Arts Center, the Studio offers a more intimate venue for plays mounted on a smaller production budget.

Voisin du «Alliance Theatre» au «R. W. Woodruff Arts Center» le Studio offre une scène plus intime, où sont montées des pièces au budget plus modeste.

27 **Academy Theatre.** A long history of innovative productions vaulted the Academy Theatre to a high position of status within the Atlanta creative community. Its season includes non-traditional productions of traditional plays as well as cutting-edge work from emerging playwrights.

Une longue histoire de créations originales a conféré à l'«Academy Theatre» un statut tout particulier au sein de la communauté artistique d'Atlanta. Elle présente des mises en scène originales de pièces classiques comme les oeuvres les plus récentes de nouveaux talents.

28 **Fox Theatre.** Saved from the wrecking ball by a contingent of vehement citizens, the magnificent Fox is an architectural delight and a wonder to behold.

Sauvé de la démolition par l'obstination d'un groupe d'habitants de la ville, le Fox est un monument d'architecture sans commune mesure, qu'il convient de visiter.

29 **Callanwolde Fine Arts Center.** Once the province of the mighty Candler family, founders of Coca-Cola. A year-round program of art classes, exhibits, performances and recitals makes it the fine arts center of neighboring DeKalb County.

Callanwolde appartint autrefois à la puissante famille Candler, fondatrice de la Société Coca-Cola. Un programme annuel d'expositions, de représentations, de récitals et de cours d'arts appliqués en font le lieu des rendez vous artistiques du Dékalb County.

30 **The Atlanta Ballet.** This prestigious dance company has been performing continually since 1929, longer than any other ballet company in the country.

Cette compagnie prestigieuse s'est produite sans interruption depuis 1929, ce qui en fait le plus ancienne compagnie des Etats-Unis.

31 Lakewood Amphitheatre

SHOPPING AND ENTERTAINMENT CENTERS

32 The Square in Marietta
Centre commercial du Square à Marietta

33 The Galleria
Centre commerical «Galleria»

34 Cumberland Mall
Centre commerical de Cumberland

35 Perimeter Mall
Centre commercial de «Perimeter»

36 Phipps Plaza
Centre commercial de Phipps

37 Lenox Square
Centre commerical de Lenox

38 Virginia Highlands
Quartier de «Virginia Highlands»

39 Little Five Points
Quartier de «Little Five Points»

40 **CNN Center.** The world's first 24-hour all-news network was launched in Atlanta in June of 1980. A tour of CNN's new state-of-the-art headquarters offers insights into the fast-paced technology of satellite news gathering.

La première chaîne de télévision au monde à émettre 24 heures sur 24 des informations a été créée à Atlanta en Juin 1980. Une visite des nouvelles installations ultra-modernes de C.N.N. offre un fascinant aperçu sur le monde futuriste des satellites de communication.

41 **Underground.** Since opening in the summer of 1989, this fabulous five-block entertainment and dining complex has transformed Atlanta's urban center into a thriving hot-bed of nightlife.

Le nouveau quartier souterrain d'Atlanta, inauguré pendant l'été de 1989 est un immense complexe de commerces, de restaurants et d'attractions diverses qui a transformé le coeur de la ville en un rendez-vous nocturne vivant et animé.

COLLEGES AND UNIVERSITIES/INSTITUTS D'ENSEIGNEMENT SUPERIEUR ET UNIVERSITAIRE

42 Mercer University

43 Oglethorpe University

44 Emory University

45 Georgia Institute of Technology

46 Agnes Scott College

47 Morris Brown College

48 Atlanta University

49 Morehouse College

50 Spelman College

51 Georgia State University

AMUSEMENT PARKS/PARCS D'ATTRACTIONS

52 White Water Park

53 Six Flags Over Georgia

54 Zoo Atlanta

RECREATION AND HISTORICAL SITES / SITES HISTORIQUES ET CENTRES DE LOISIRS

1. Kennesaw Mountain National Battlefield Park. One of the major points of defense against General Sherman's advance in the Civil War battle of Atlanta. Some of the cannons are still in place on top of the mountain.

Point stratégique de la Bataille d'Atlanta pendant la Guerre de Sécession, «Kennesaw Mountain» fut un des bastions de la lutte acharnée contre l'avance du Général Sherman. Quelques canons y sont encore visibles.

2. Bulloch Hall. A fine example of Roswell's antebellum architecture, Bulloch Hall, which was built in the Greek Revival style in 1840, is distinguished as the home of President Theodore Roosevelt's mother.

Bulloch Hall est un remarquable exemplaire de l'architecture de style «antebellum». Construit à Roswell en 1840 dans le genre néo-grec, il fut la demeure de la mère du Président Théodore Roosevelt.

3. Chattahoochee River National Recreation Area. Centre National de Loisirs de la rivière Chattahoochee.

4. The Governor's Mansion

5. The Atlanta Historical Society. The Tullie Smith House, an authentic 1840 farmhouse, captures a sense of pre-Civil War life in Georgia while the extravagant 1929 Swan House symbolizes Southern affluence in the years preceding the Great Depression.

Une ferme authentique datant de 1840, la «Tullie Smith House» évoque l'atmosphère de la vie en Géorgie avant la guerre de Sécession, tandis que l'extravagante «Swan House» témoigne de l'opulence du Sud avant la Grande Dépression.

6. Rhodes Memorial Hall. Built by furniture mogul Amos Giles Rhodes in 1903, the castle-like design was inspired by the Rhine River castles that Rhodes saw while vacationing in Germany.

Rhodes fut édifiée en 1903 par Amos Giles Rhodes, le «géant du meuble». Il s'était inspiré des châteaux de la Vallée du Rhin qu'il avait visité lors d'un voyage en Allemagne.

7. Atlanta Arts Festival. Now in its 36th year, the Atlanta Arts Festival draws artists, craftspeople and performers from across the South to a week-long, cross-cultural celebration in Piedmont Park.

Vieux de trente-six ans, le «Atlanta Arts Festival» draine de toutes les régions du Sud des artistes, des artisans, des danseurs et des musiciens. Il se déroule au Parc Piedmont, et, pendant une semaine, offre un aperçu des multiples aspects culturels du Sud.

8. Inman Park Trolley Barn. A short walk from the Inman Park MARTA Station, the 1889 trolley barn is one of the oldest buildings in the city.

A une courte distance de la station de Marta du «Inman Park», la «Trolley Barn», datant de 1889, est un des plus vieux bâtiments de la ville.

9. The Herndon Home. This marvelous 15-room estate circa 1910, stands as a lasting tribute to the black entrepreneur who founded the second largest black insurance company in the nation today.

Cette imposante demeure de 15 pièces, datant de 1910 approximativement, conservé en hommage à un noir qui fut le fondateur de la deuxième société noire d'assurances aux Etats-Unis.

10. The Georgia State Capitol. There is more than politics under Georgia's beautiful gold-leafed capitol dome. There's a Hall of Fame in which famous Georgians are enshrined. There is a Hall of Flags in which colors from everywhere fly.

Sous la belle coupole dorée à l'or fin du Capitole, il n'y a pas que de la politique. Il y a une Salle des Hommes Célèbres, où les plus fameux Géorgiens sont représentés. Il y a une Salle des Drapeaux, où figurent les couleurs de tous les pays.

11. Martin Luther King, Jr. Historic District. From the birthplace of the civil rights leader to the Center for Nonviolent Social Change that bears his name, this two-block area is a testament to the enduring legacy of Atlanta's only Nobel Prize winner.

Du lieu de naissance, jusqu'au centre qui porte son nom, ce quartier, garde l'empreinte de celui qui reçut le Prix Nobel de la Paix, et dont nous avons à coeur de maintenir l'héritage spirituel.

12. Oakland Cemetery. The final resting place of Civil War heros and many of Atlanta's early leaders, Oakland boasts one of the most remarkable collections of statuary in the South.

C'est là que reposent les héros de la Guerre de Sécession, ainsi que beaucoup des premiers dirigeants de notre ville. C'est aussi une remarquable collection de l'art de la statuaire dans le Sud.

13. Wren's Nest. This is the home of Joel Chandler Harris, the beloved creator of The Uncle Remus Stories and former reporter for the Atlanta newspapers.

Ce fut la demeure de Joel Chandler Harris, l'auteur bien-aimé des «Histoires de l'Oncle Rémus», qui fut un temps journaliste à Atlanta.

14. Stone Mountain National Park

MUSEUMS / MUSEES

15. Big Shanty Museum. Union soldiers hijacked The General, a Confederate steam engine, in 1862 and headed for Chattanooga. You can see it today, along with a multi-media show about the Civil War, in the Big Shanty Museum.

En 1862, les soldats de l'Union s'emparèrent de la «General» une locomotive à vapeur appartenant aux Conféderes, et la conduisaient vers Chattanooga. Cet épisode de la Guerre de Sécession et bien d'autres sont retracés au cours d'un spectacle representé dans le Big Shanty Museum.

16. High Museum of Art. Designed by nationally renown architect Richard Meier, the post-modern High Museum has won international accolades as a work of art in its own right.

Conçu par le célèbre architecte américain Richard Meier, le «High Museum», de style «post-modern», a été reconnu unanimement comme une oeuvre d'art en lui-même.

17. Atlanta Botanical Garden

18. Emory Museum of Art and Archaeology. This museum houses a permanent collection of artifacts from the ancient world, including an Egyptian mummy and a series of rotating exhibits in the upstairs galleries.

Ce musée abrite une collection permanente d'objets anciens, parmi lesquels une momie égyptienne, et quantité d'expositions itinérantes dans ses galeries.

19. Fernbank Science Center. The science exhibits and museum are only part of the fair at the Fernbank, which features a wonderful Observatory and a Planetarium with a 70-foot dome.

Le musée scientifique et les expositions ne représentent qu'une partie de l'ensemble du Centre, qui comprend également un très bel Observatoire, et un Planetarium de plus de 20 mètres de hauteur sous sa coupole.

20. Monetary Museum. The Monetary Museum at the Federal Reserve Bank in Atlanta documents the development of paper money and coinage throughout history.

A la «Federal Reserve Bank» d'Atlanta, le «Monetary Museum» expose un historique des pièces et des billets de monnaie.

21. High Museum at Georgia-Pacific Center. Traveling exhibits from the High are on display in this satellite museum in the Georgia-Pacific Center.

Périodiquement, des expositions en provenance du Musée ont lieu au Centre «Georgia Pacific», qui lui sert d'annexe.

22. Georgia Department of Archives and History. A wonderful source of information for the scholar and amateur historian. The archives contain state records and documents dating back to 1733, a century before Atlanta was founded.

Le Département des Archives et de l'Histoire de la Géorgie est une mine de renseignements pour le visiteur comme pour l'étudiant. La Salle des Archives contient des documents relatifs à l'état remontant à 1733, c'est à dire à un siècle avant la fondation d'Atlanta.

23. Cyclorama. The Battle of Atlanta raged in 1864 at the end of the Civil War, but it's relived daily in a true-to-life multi-media presentation at the Cyclorama in Grant Park. Featuring a 360-degree painting from 1885.

C'est en 1864 que la bataille d'Atlanta fit rage, à la fin de la Guerre de Sécession, mais c'est tous les jours que le spectacle du Cyclorama la fait revivre, dans une immense fresque circulaire tridimensionnelle.

POINTS OF INTEREST

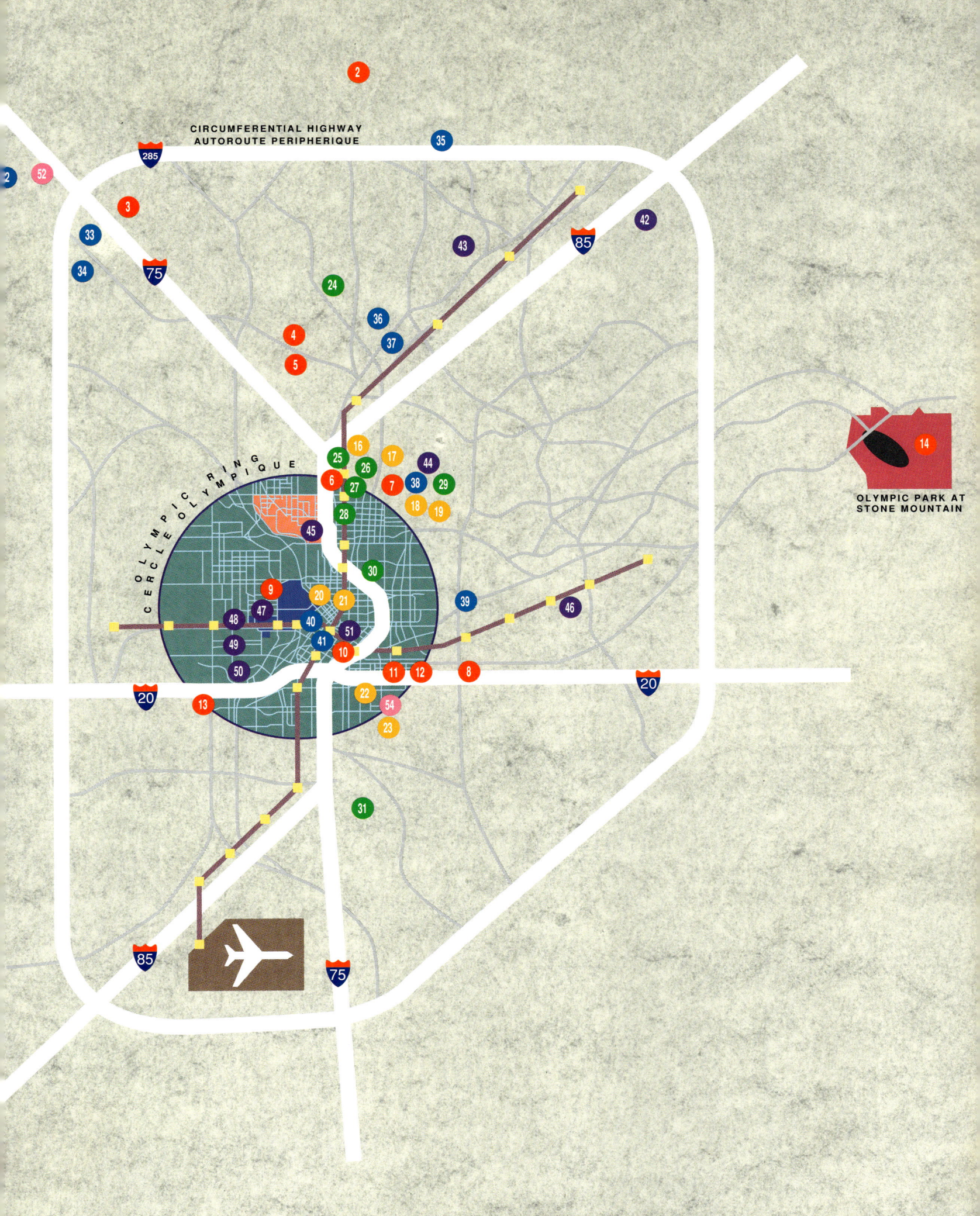

CIRCUMFERENTIAL HIGHWAY
AUTOROUTE PERIPHERIQUE

OLYMPIC RING
CERCLE OLYMPIQUE

OLYMPIC PARK AT
STONE MOUNTAIN

38

SPIRIT

A city with a passion for sport.

Atlanta's passion for sport is demonstrated every day in every part of the city. It is estimated that there are more than 100,000 active runners and walkers in Atlanta. More than 75,000 active tennis players. More than 50,000 members of the city's health and exercise clubs. And hundreds of thousands of amateur athletes of all ages who participate in the complete range of sports through a variety of annual leagues and camps. Over the years, the region's sports community has produced more than 70 Olympians and an even greater number of athletes who went on to star in professional sports.

Every July 4th as many as 40,000 runners take part in the famed Peachtree Road Race. More than 55,000 players belong to the Atlanta Lawn Tennis Association, which makes Atlanta the nation's largest tennis center. Hundreds of thousands of fans attend collegiate and university sports programs throughout the year. And Atlanta's fans provide enthusiastic support for three professional sports franchises: the Atlanta Falcons, the Atlanta Hawks and the Atlanta Braves, who play football, basketball and baseball respectively.

And yet, as sports minded as Atlanta is, there is a great need for expanding the athletic opportunities available to young people, not only in Atlanta, but throughout Georgia and the rest of the South. Through the leadership of the Atlanta Organizing Committee (AOC), the Atlanta Sports Council and the Georgia Amateur Athletics Foundation, the city has received a major boost in the organization of amateur athletic competitions during the last several years. But much more must be done. We believe the 1996 Olympic Games would serve to open vast new avenues of athletic opportunity to young people throughout the South. It is a major goal of the AOC to produce this kind of lasting athletic legacy through the 1996 Summer Games.

Atlanta — la passion du sport.

La passion d'Atlanta pour le sport peut se constater chaque jour et partout dans la ville. On estime à plus de 100.000 les coureurs à pied et les marcheurs, à plus de 75.000 les joueurs de tennis, à plus de 50.000 les membres des différents clubs de gymnastique et de sport, sans compter les centaines de milliers de sportifs amateurs de tous âges qui se livrent à leurs activités favorites : football, basket-ball, football américain, handball, natation, équitation, boxe, canoë ou golf, au sein de multiples associations sportives. La Géorgie à elle seule a produit plus de 70 champions olympiques et d'innombrables sportifs professionnels célèbres dans leur catégorie.

Le 4 juillet de chaque année, 40.000 coureurs environ participent à la fameuse course de «Peachtree Road». Plus de 55.000 joueurs de tennis appartiennent à l'«Association de Tennis sur Gazon», qui rassemble à Atlanta la plus grande concentration d'amateurs des Etats-Unis.

Des centaines de milliers de supporters assistent chaque année aux rencontres sportives des collèges et des universités. Quant aux spectateurs d'Atlanta, ils sont le support enthousiaste de leurs trois équipes favorites : les «Atlanta Falcons», les «Atlanta Hawks» et les «Atlanta Braves» respectivement pour le football américain, le basket-ball et le base-ball.

Malgré tout cela, des progrès restent à faire pour rendre accessible à la jeunesse, non seulement d'Atlanta mais aussi de Géorgie et même du Sud-Est tout entier, la pratique des sports. Grâce au Comité d'Organisation d'Atlanta, à l'«Atlanta Sports Council» et au «Georgia Amateur Athletics Foundation», la ville a reçu une aide appréciable pour l'organisation des compétitions d'amateurs au cours des trois dernières années. Cependant, il reste beaucoup à faire. Nous sommes persuadés que les Jeux Olympiques de 1996 ouvriraient des perspectives nouvelles aux jeunes sportifs des Etats du Sud. C'est une des ambitions essentielles de notre Comité que d'offrir aux jeunes générations un héritage moral et sportif conforme aux principes olympiques, à la faveur des Jeux de 1996.

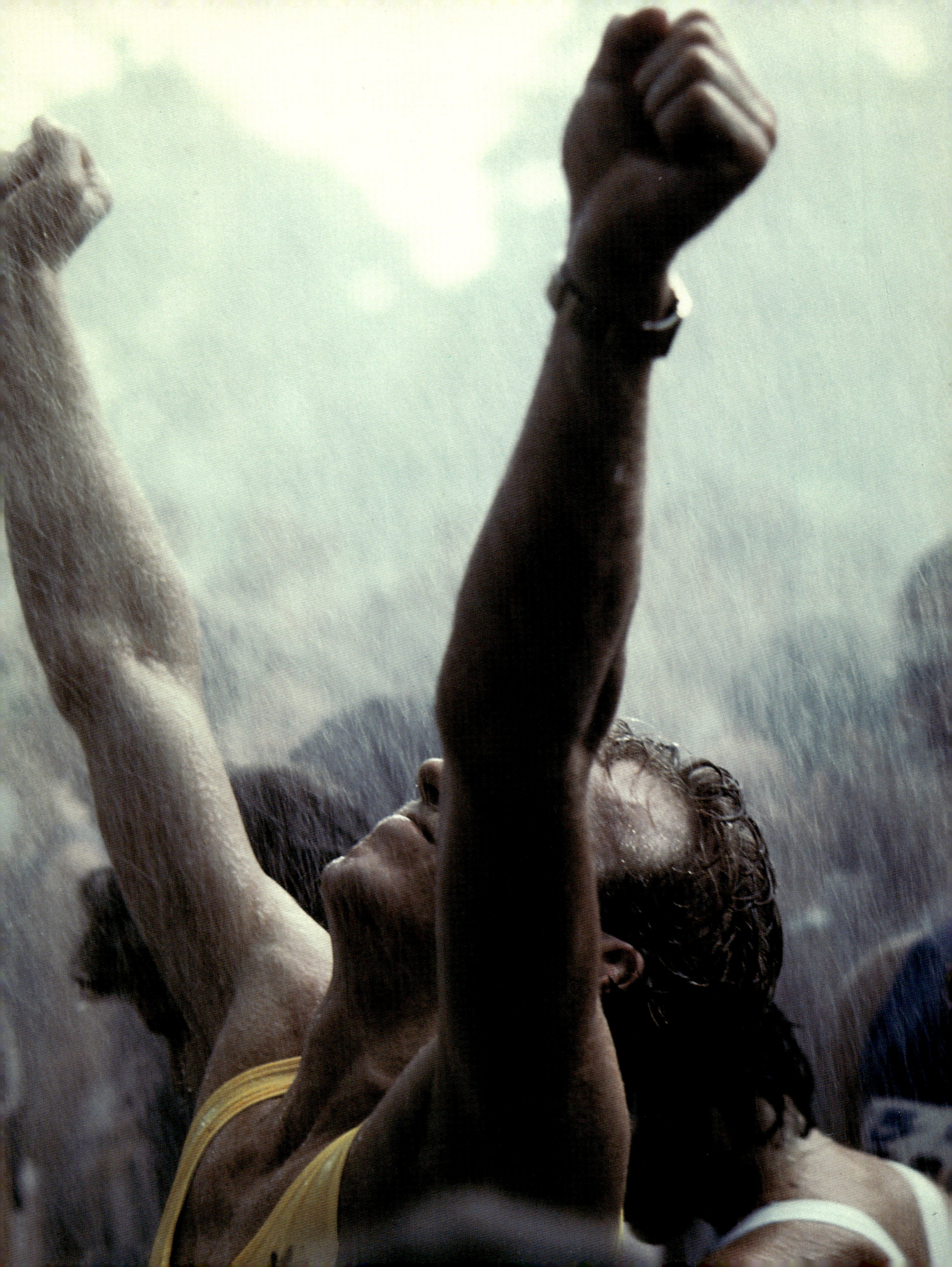

HISTORY

43
NATIVE AMERICAN HERITAGE
UNE VILLE DU NOUVEAU MONDE

45
FOUNDING A COLONY
LA FONDATION DE LA COLONIE

46
WHEN COTTON WAS KING
QUAND LE COTON ETAIT ROI...

47
A CENTER OF TRANSPORTATION
ATLANTA : LE POINT DE DEPART

49
THE AMERICAN CIVIL WAR
LA GUERRE DE SECESSION

51
TIMELINE OF HISTORY
LA CHRONOLOGIE HISTORIQUE

51
THE NEW SOUTH
LE «NOUVEAU SUD»

53
THE DREAM
LE REVE

55
SPORTS HISTORY
L'HISTOIRE DES SPORTS

Atlanta. A brief history of a remarkable city.

Embedded in the rich tapestry of Atlanta's short history are the tragic yet beautiful scenes of Gone With The Wind and the eloquently inspiring words of Dr. Martin Luther King Jr. For many, Atlanta's past sits neatly between the bookends of the Civil War and the Civil Rights Movement. But its heritage is much more complex, much greater than that. Although Atlanta remains the only American city ever destroyed by the fires of war — and retains its distinction as the worldwide capital of human rights — the city's past embraces a much broader story.

To give you a sense of the forces that have shaped Atlanta's indomitable spirit, we have prepared this brief history. It reaches back to a time before the New World was founded. It chronicles Georgia's pivotal role in the American Revolution. It traces the path that led to the Civil War. It recounts the resurgence of the South in the 20th Century. It recaptures a sense of the thirst for freedom that gave birth to the Civil Rights Movement. Briefly, succinctly, it presents the complex pattern of events that have made Atlanta what it is today: a city of hope, a city of vision.

Atlanta. Brève histoire d'une ville remarquable.

Dans la trame de la courte mais riche histoire de la ville sont imbriquées, telles des images dans le tapis, les scènes belles et tragiques d'«Autant en emporte le vent», et les paroles inspirées de Martin Luther King. Beaucoup pensent que le passé d'Atlanta est en quelque sorte circonscrit entre la Guerre Civile, et le Mouvement pour les Droits Civils. Son héritage est pourtant plus complexe et plus riche. Bien qu'Atlanta soit la seule ville américaine à avoir été détruite par la guerre, et brûlée à 90 pour cent, bien qu'elle s'enorgueillisse d'être la capitale des droits de l'homme il s'en faut de beaucoup que son histoire s'en tienne là.

Pour donner un aperçu des éléments qui ont contribué à forger son indomptable force de caractère, un bref mémorandum a été préparé. Il évoque l'époque où le Nouveau Monde s'est établi. Il rapporte le rôle éminent joué par la Géorgie dans la Révolution Américaine. Il retrace les chemins qui ont mené à la Guerre de Sécession. Il raconte la Renaissance du Sud au XXe siècle. Il redéfinit cette soif de liberté qui est à l'origine du Mouvement pour les Droits Civils. Brièvement, succinctement, il expose la complexité des événements qui ont fait d'Atlanta ce qu'elle est aujourd'hui : un citadelle de l'espérance, une ville préfigurant l'avenir.

ATLANTA'S NATIVE AMERICAN HERITAGE.

Native American Indians were the first to discover the beautiful rolling terrain and lush forests of the region that became Atlanta. Even for the Cherokee Indians who settled here first, the site they called Standing Peachtree was a natural resting point on the trails that wove through the thickly wooded hills. Here they established their village along the banks of a meandering river they named the Chattahoochee. It was not long before the paths that led to Standing Peachtree became well-traveled thoroughfares of Indian trade.

While the Indians slowly migrated away from the region as succeeding generations of American colonists moved in, they left a distinct heritage that reaches from the heart of the city today to the heights of the Appalachian Mountains in northern Georgia. In fact, the busiest and most famous street in Atlanta is called Peachtree Street. But it is more than the name that signifies our Native American heritage. Peachtree Street actually traces the route of a major Indian path as it wanders from Atlanta's center city north to Midtown through Buckhead and toward the mountains beyond.

ATLANTA. UNE VILLE DU NOUVEAU MONDE.

Les Indiens ont été les premiers à découvrir, dans sa couronne de forêts, la beauté et la commodité du site qui est devenu le berceau d'Atlanta. Déjà, pour les Cherokees, qui s'établirent ici les premiers, l'endroit qu'ils appelaient le «Relais Peachtree» était une halte sur les sentiers de l'épaisse forêt couvrant les collines avoisinantes. Ils édifièrent leur village le long des méandres d'une rivière qu'ils nommèrent le Chattahoochee. Il ne fallut pas longtemps pour que les routes y menant devinssent fréquentées au point de créer une sorte de carrefour d'échanges et de commerce.

Tandis qu'aux Indiens succèdaient peu à peu des générations de Nouveaux Américains, il subsistait les marques d'une civilisation qui a laissé son empreinte depuis le coeur de la ville jusqu'au sommet des Monts Appalaches, au nord de la Géorgie. La plus longue, la plus célèbre et la plus fréquentée des rues d'Atlanta a gardé le nom de «Peachtree Street», mais pas seulement le nom : elle suit le tracé d'un des principaux sentiers indiens depuis le centre de la ville jusqu'aux montagnes du nord, en traversant les quartiers de Midtown, de Buckhead et de la banlieue.

The tribal culture of the Native American Indians who first settled in the area will be rediscovered during Atlanta's Cultural Olympiad. It will be explored as part of a celebration that traces the unique influences of European, Asian, Latin American, South American, Caribbean and African peoples on the culture of the American South.

Au cours de l'Olympiade de 1996, l'accent serait mis, lors des manifestations culturelles, sur la civilisation indienne, qui fut la première dans les lieux, et ce serait une partie des manifestations consacrées à la culture originale du Sud-Est américain, dont les racines puisent aux sources européenne, sud-américaine, caraïbe et africaine.

OGLETHORPE ARRIVES IN GEORGIA.
THE FOUNDING OF AN AMERICAN COLONY.

The great Spanish explorer Ponce de Leon discovered Florida on his fabled quest for the "Fountain of Youth" in the early 1500s. But the honor of claiming the wilderness of Georgia for the Spanish crown fell to his famed countryman, Hernando de Soto, who first trekked through these parts in 1540. However, Spain's early property claims did not stop the British philanthropist James Oglethorpe from establishing a colony on the Atlantic coast in 1733. A gifted city planner and brilliant militarist, Oglethorpe succeeded in building the city of Savannah while driving the Spanish into Florida through a series of bloody conquests. Always a loyal subject to the British crown, Oglethorpe christened the colony Georgia in honor of King George II. But a mere 40 years after her founding, Georgia became one of the original 13 colonies and joined the War of Independence against England.

Georgia played a key role in the American Revolution. Three Georgians — Button Gwinnett, Lyman Hall and George Walton — signed the Declaration of Independence on July 4, 1776, and Georgia became the fourth state to approve the U.S. Constitution on January 2, 1788. At the time, the state of Georgia actually formed the southern boundary of the United States.

L'ARRIVEE D'OGLETHORPE EN GEORGIE
ET LA FONDATION DE LA COLONIE AMERICAINE.

Ponce de Léon, le grand explorateur espagnol, découvrit la Floride au cours de ses voyages à la recherche de la fabuleuse «Fontaine de Jouvence», au début du XVIème siècle. Cependant l'honneur de revendiquer ces terres pour la Couronne d'Espagne revint à son célèbre compatriote, Hernando de Soto qui, le premier, en parcourut les sauvages étendues. Cependant, en dépit des prétentions à la propriété sur le littoral de Hernando de Soto, en 1540, le philanthrope britannique James Oglethorpe établit une colonie anglaise le long de la côte sud-est. Eminent urbaniste et brillant militaire, Oglethorpe fonda la ville de Savannah et refoula les Espagnols jusqu'en Floride à la suite d'une série de sanglantes batailles. Loyal sujet de la Couronne Britannique, il baptisa la région «Géorgie» en l'honneur du roi Georges II. Cependant, moins de quarante ans après sa création, la Géorgie devenait l'une des treize colonies à s'unir contre l'Angleterre dans la Guerre d'Indépendance.

La Géorgie a joué un rôle déterminant dans la Révolution Américaine. Trois Géorgiens ont signé la Déclaration d'Indépendance, Button Gwinnett, Lyman Hall et George Walton le 4 juillet 1776, et la Géorgie fut le quatrième état à approuver la Constitution, le 2 janvier 1788. La Géorgie était à l'époque l'état frontière au sud des Etats-Unis.

James Oglethorpe, the British philanthropist who founded the colony of Georgia in 1733, turned out to be a brilliant military strategist and gifted city planner. Oglethorpe led a series of bloody conquests that eventually drove the Spanish from Georgia.

James Oglethorpe, le grand philanthrope britannique qui fonda la colonie de Géorgie en 1733, se révéla un brillant stratège et un remarquable urbaniste. Il refoula les Espagnols jusqu'en Floride à la suite de sanglantes batailles.

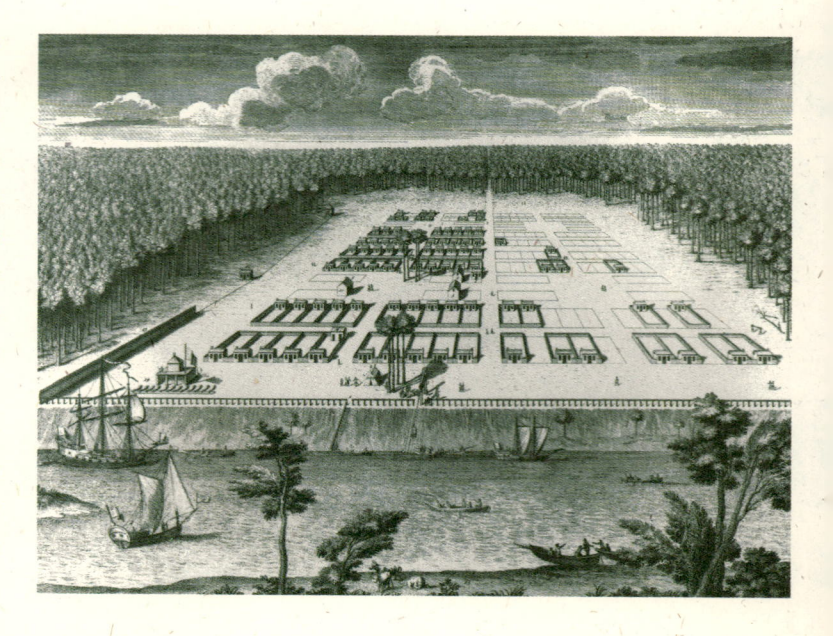

WHEN COTTON WAS KING, GEORGIA WAS QUEEN. A century after Oglethorpe stepped ashore in the early 1800s, Georgia had developed one of the strongest agricultural economies in the world. Her main crop was cotton, which she exported to the capitals of Europe in tremendous volume. The Europeans paid a high price for the privilege of transforming cotton fiber into the finest, softest textiles of the day. Riding the boom of prosperity, Savannah had become the world's leading cotton port, and nearby Augusta had blossomed into the world's largest inland cotton depot. At its height the powerful cotton industry accounted for more than half of all of America's foreign exports.

With their increasing prosperity, the plantation owners of Georgia and the rest of the American South developed an aristocratic life style. But that life style had a dark side that would leave a scar on Georgia's history and would eventually divide the nation in Civil War — for it was based upon a system of slavery that stood in stark contrast to the American promise of equality for all.

QUAND LE COTON ETAIT ROI, LA GEORGIE ETAIT REINE. Un siècle après le débarquement d'Oglethorpe, au début des années 1800, la Géorgie a connu un développement de son économie agraire d'une ampleur mondiale. Le coton, exporté massivement vers les capitales européennes en était le fleuron. Les Européens payaient des droits élevés afin d'obtenir le privilège de travailler ce coton pour lui donner les textures les plus raffinées et les plus délicates. De ce fait, Savannah était devenue le premier port exportateur de coton au monde, et Augusta, sa voisine à l'intérieur des terres, le plus vaste dépôt existant. A cette époque là, la puissante industrie du coton représentait plus de la moitié des exportations américaines. Cette immense source de richesses permit aux propriétaires des plantations, en Géorgie et dans le sud de l'Amérique, de se créer un mode de vie de style aristocratique d'une rare opulence. Ce mode de vie avait cependant un moins brillant revers, qui a laissé une blessure dans l'histoire de la Géorgie, car il se fondait sur l'esclavage, notion fondamentalement opposée aux engagements pris par l'Amérique concernant l'égalité de tous les hommes. Et ce fut l'une des raisons de la Guerre de Sécession.

In the early 1800s, Savannah, Georgia ranked as the world's leading cotton port, filling the tall ships that docked in its harbor with precious white cargo for European customers. Savannah's maritime heritage makes it the logical site for the Olympic yachting competition. Its history as a textile center will be celebrated as part of Atlanta's Cultural Programme.

Au début du XIXème siècle, Savannah était le premier port au monde pour l'exportation du coton, et remplissait de ce blanc et précieux chargement les majestueux navires en partance pour l'Europe. La tradition maritime de Savannah en fait le lieu le plus approprié aux compétitions de yachting des Jeux Olympiques. Une reconstitution historique de l'âge d'or de Savannah est également inscrite au programme culturel.

Oglethorpe's original plan for the city of Savannah led to the development of one of the most beautiful and enduring cities in America. More than 1,000 Colonial American homes and buildings remain today, which explains why downtown Savannah ranks as the largest Historic District on the National Registry in the United States.

Son plan d'aménagement de Savannah en a fait une des plus jolies villes américaines, dont le charme élégant s'est conservé jusqu'à nos jours. Plus de mille édifices de style colonial américain y sont encore visibles, et en font le plus vaste des districts classés par le Service des Monuments Historiques aux Etats-Unis.

ATLANTA'S ORIGINS AS A TRANSPORTATION CENTER.

With Augusta's growing prominence as a trade center, the need for inland transportation routes became more pressing. By the early 1800s, the city fathers of Augusta, Georgia and Chattanooga, Tennessee decided to establish a railroad link between their burgeoning cities. The engineers they sent into the wilderness discovered that the natural contours of the land led to a specific connecting point: the place the Indians called Standing Peachtree. The Indian trade routes they found provided natural trails of exploration and a pattern for planning the railroad routes. In 1837 those engineers drove a stake into the ground to mark the spot where the railroad line would terminate. The town that sprung up around the railroad depot was known as Terminus, a name that signified Atlanta's origins as a center of transportation. By the time the first passenger train arrived from Augusta in 1845, Terminus had been renamed Marthasville, after the daughter of Georgia's Governor. It took an act of the legislature later that year to settle on the permanent name Atlanta. From its humble beginnings as a railroad depot, Atlanta began to attract residents rapidly. By 1860, there were 11,000 people living in the city, and they were destined to suffer one of the most devastating tragedies in American history.

ATLANTA ; LE POINT DE DEPART.

Du fait de l'importance grandissante d'Augusta comme bourse du coton, le besoin de moyens de transports intérieurs se faisait pressant. Dès le début du dix-neuvième siècle, les fondateurs d'Augusta, en Géorgie, et de Chattanooga, dans le Tennessee, convinrent d'établir une ligne de chemin de fer entre ces deux villes en plein essor. Les ingénieurs envoyés en reconnaissance sur le terrain tombèrent d'accord pour constater que la configuration des lieux menait naturellement à un carrefour déterminé : celui-là même choisi par les Indiens, «le Relais Peachtree». Les sentiers utilisés par les Indiens constituaient des itinéraires tout tracés pour répondre aux nécessités d'une voie ferrée, et à la création de routes. En 1837 ces ingénieurs marquèrent d'un jalon planté dans le sol l'emplacement choisi comme point d'arrivée. La ville qui se développa autour de cette première «gare» s'appela Terminus : c'était aussi un point de départ, un nom qui signait la vocation d'Atlanta en tant que carrefour de communications.

En dépit de ses modestes origines de carrefour ferroviaire, la ville ne cessa d'attirer rapidement des arrivants. Avant 1860, 11.000 personnes vivaient dans la ville, 11.000 personnes destinées à souffrir une des tragédies les plus cruelles de l'histoire américaine.

THE FLAMES OF WAR DESTROY THE CITY.

Toward the end of the American Civil War in 1864, as the Northern army moved further south in its conquest of the Confederacy, it became clear that Atlanta would be the site of a major battle. Using the railroad route from Chattanooga as a supply line, General William Tecumseh Sherman led a ruthless assault on the city, taking it captive in five days. As if to burn a message of triumph on the heart of the South, Sherman then set fire to Atlanta, destroying all but 400 of the city's 4500 buildings. The tragedy that left Atlanta in ruin was only the beginning of Sherman's infamous march to the sea. Heading for Savannah, Sherman's army left a scar of destruction 60 miles wide across the state of Georgia.

It would not have surprised anyone if Atlanta had failed to recover from the flames of war. But like the mythological bird known as the Phoenix, Atlanta rose from its own ashes to reach for greatness. The conflict that left the young city in ruin worked like a refiner's fire, burning into the heart of the city a distinct sense of character and a will to survive. No other city in America shares Atlanta's unique heritage — for it is the only city in the United States ever destroyed by the flames of war, a fact which makes its present day prominence all the more remarkable.

LE FEU DE LA GUERRE DETRUIT LA VILLE.

Vers la fin de la Guerre de Sécession en 1864, tandis que les armées nordistes déferlaient à la conquête des Etats Confédérés, il devint évident qu'Atlanta deviendrait un champ de bataille. Utilisant la ligne de chemin de fer comme voie d'approvisionnement, le Général William Tecumsah Sherman livra à la ville un assaut impitoyable, et la fit tomber en cinq jours. Comme en signe de triomphe à l'adresse des Etats du Sud, Sherman mit le feu à la ville, détruisant 4.000 des 4.500 maisons qu'elle comptait. La tragédie d'Atlanta n'était que le début de la marche infamante de Sherman vers la mer. En avançant vers Savannah, l'armée de Sherman laissait de part en part de la Géorgie, sur une largeur de plus de cent kilomètres, les cicatrices d'une dévastation sans précédent.

Il n'aurait été étonnant pour personne qu'Atlanta soit incapable de renaître de ses cendres, mais tel le phénix de la mythologie, elle en a resurgi plus grande et plus forte. L'incendie qui a laissé la petite ville en ruines, lui a servi de flamme purificatrice, a trempé son caractère et aiguisé sa volonté de survivre. Aucune autre ville en Amérique ne partage l'expérience unique d'Atlanta, la seule ville des Etats-Unis détruite par le feu de la guerre, ce qui ne rend que plus extraordinaire sa situation actuelle.

...nter Light Guards — April 1861
...ment Georgia Volunteer Infantry — Confedera...

1864: Using the railroad lines from Chattanooga as his base of assault, Union General W. T. Sherman conquers Atlanta and burns it to the ground. Less than 400 of the 4,500 buildings and homes in the city are left standing when the flames finally die.

1864 : En utilisant la voie ferrée pour acheminer les subsistances nécessaires à son armée, et pour livrer l'assaut final, le Général nordiste W. T. Sherman fait tomber Atlanta, et la brûle de fond en comble. Sur les 4.500 constructions qu'elle comptait, seules 400 échappent aux flammes.

1867: Morris Rich, a 19-year-old entrepreneur, opens a small store downtown. Rich's eventually becomes Atlanta's dominant department store and one of the most successful retail chains in the South.

1867 : Un jeune homme de 19 ans, Morris Rich, ouvre une petite boutique au centre de la ville. Par la suite les Grands Magasins Rich's sont devenus les plus importants d'Atlanta ; ils ont essaimé dans tout le Sud, où ils sont devenus une des réussites commerciales remarquables de la région.

1881: A young company by the name of Southern Bell comes to Atlanta and opens the city's first telephone switchboard. Southern Bell eventually becomes one of the leading forces in telecommunications in the United States.

1881 : Une petite société, du nom de «Southern Bell», arrive à Atlanta et y installe le premier stansard téléphonique. Southern Bell est aujourd'hui un des «géants» des télécommunications aux Etats-Unis.

1886: A new drink called Coca-Cola is sold at Jacob's Pharmacy in downtown Atlanta for the first time. Created by John S. Pemberton as a headache remedy, the formula proves more refreshing than medicinal.

1886 : Une nouvelle boisson, appelée «Coca-Cola», est vendue pour la première fois à la Pharmacie Jacob. Inventée par John S. Pemberton pour guérir les maux de tête, elle se révèle vite plus rafraîchissante que médicinale.

1860　　　1870　　　1880　　　1890　　　1900

1874: Atlanta Editor Henry Grady coins the phrase "The New South." The phrase comes to symbolize the rebirth of the region and gains Grady national recognition.

1874 : Henry Grady, écrivain et journaliste, lance un slogan : le «Nouveau Sud» qui devient la devise et le symbole du renouveau et comme tel lui acquiert la gratitude de tous.

1880: For the first time, Atlanta becomes Georgia's largest city. It's population exceeds 37,000.

1880 : Avec 37.000 habitants, Atlanta passe au rang de première ville de Géorgie.

1900: By the turn of the century, Atlanta has almost 90,000 residents and ranks as the third largest city in the South.

1900 : Avant le début du XXème siècle, Atlanta était devenue la troisième ville du Sud, avec ses 90.000 habitants.

1821: Well before Atlanta was settled, Sequoyah, a famed Cherokee Indian leader, finished the development of an 80-character Indian alphabet and began publishing a tribal newspaper later in the decade.

1821 : Un grand chef de la tribu des Cherokee, nommé Sequoyah, acheva, bien longtemps avant la naissance d'Atlanta, la réalisation d'un alphabet indien de 80 caractères ; quelques années plus tard, il publiait un journal à l'usage de sa tribu.

1837: Surveyors from the Georgia Railroad and Banking Company select the site where the track that will eventually link Augusta, Georgia and Chattanooga, Tennessee will terminate. The site is situated near a Cherokee Indian village called Standing Peachtree. The surveyors rename it Terminus.

1837 : Des ingénieurs-géomètres de la «Georgia Railroad» et de la «Banking Company» déterminent le site du terminus de la voie ferrée qui reliera les villes d'Augusta (Géorgie), et de Chattanooga (Tennessee). L'endroit choisi est à proximité du village Indien Cherokee appelé «Standing Peachtree». Les ingénieurs le rebaptisent : «Terminus».

1820   1830   1840   1850

1847: Atlanta becomes an incorporated town.

1847 : Atlanta devient officiellement une municipalité.

1850: 138 miles of railroad track are completed between Atlanta and Chattanooga, strengthening the city's role as the transportation hub of Georgia.

1850 : Plus de 200 km de voie ferrée relient Chattanooga à Atlanta, confirmant le rôle capital de cette dernière pour les transports en Géorgie.

1860: The country is severely divided over the issue of slavery. Atlanta's three representatives join the state convention in a vote to secede from the union in 1861. Georgia is the fourth state to secede.

1860 : Le problème de l'esclavage divise la population. Les trois représentants d'Atlanta se joignent au Congrès National qui vote en faveur de la sécession en 1861. La Géorgie est le quatrième état à faire sécession.

1862: During the War Between The States, Atlanta serves as a major transportation and medical center for the Confederacy.

1862 : Durant la Guerre de Sécession, Atlanta devient la plaque tournante des transports et la base médicale des Etats Confédérés.

1864: Father Thomas O'Reilly is honored as an Atlanta hero for talking Sherman into sparing five Atlanta churches.

1864 : Atlanta restera toujours reconnaissante au Père Thomas O'Reilly, grâce aux prières duquel Sherman épargna cinq des églises de la ville.

A CENTURY OF LEADERSHIP IN THE NEW SOUTH.

Atlanta's renewal and rise to prominence began slowly, but in 1880 her 37,000 residents made her Georgia's largest city for the first time. By the turn of the century — only 36 years after she was burned to the ground — Atlanta had 90,000 residents and ranked as the third largest city in the South. Her growth was spurred by the success of a group of enterprising businesses. Southern Bell — the modern communications giant — got its start in Atlanta in 1881, and five years later the first glass of Coca-Cola was sold in the city. The new soft drink became Atlanta's first famous trademark. By 1900 it was being sold in every state in the nation. An astute Atlanta editor, Henry Grady, coined the phrase "The New South" to describe the emerging prosperity and changing character of the region. The city's growth carried through the first half of the next century. In the midst of America's Great Depression, Atlanta began to assert itself as a center of aviation, expanding on its role as the transportation capital of the South. Delta Air Lines opened its first hangar in Atlanta in 1941, and the city's first television station, WSB, went on the air a few years later. In the golden years of America's film industry, a book by a young Atlanta woman became the most fervently anticipated movie ever. Margaret Mitchell's *Gone With The Wind* captured the imagination of the country as it retold the dramatic story of Atlanta's Civil War fate. The film's 1939 premiere at Loew's Grand Theatre drew the eyes of the nation.

The drama of Atlanta's Civil War history is beautifully and tragically captured in the literary and cinematic classic Gone With The Wind. *The film won widespread fame for Clark Gable and Vivian Leigh, who delivered unforgettable performances as the dashing Rhett Butler and the unconquerable Scarlett O'Hara.*

«Autant en emporte le vent» est devenu un classique de la littérature et du cinéma, en retraçant les heures tragiques et émouvantes de la Guerre de Sécession à Atlanta. L'inoubliable interprétation de Clark Gable dans le rôle de l'audacieux Rhett Butler, et de Vivien Leigh dans celui de l'indomptable Scarlett O'Hara, ont conquis une renommée mondiale.

UN SIECLE A LA TETE DU NOUVEAU SUD.

La renaissance d'Atlanta et son ascension prodigieuse ont commencé lentement, mais dès 1880, elle devenait la première ville de Géorgie grâce à ses 37.000 habitants. Avant la fin du siècle, 36 ans seulement après avoir été brûlée de fond en comble, Atlanta, avec ses 90.000 habitants se rangeait au troisième rang des villes du Sud. Sa croissance se vit stimulée par les succès d'un certain nombre d'entreprises : Southern Bell, le «géant» actuel des télécommunications, a débuté à Atlanta en 1880; cinq ans plus tard le premier verre de Coca-Cola y était vendu. La nouvelle boisson sans alcool devint la première marque célèbre de la ville. Avant 1900, on en vendait dans tous les Etats-Unis.

Un astucieux directeur de journal, Henry Grady, lança un slogan : «le Nouveau Sud», pour caractériser la prospérité naissante et l'évolution de la région. La croissance de la ville se poursuivit jusqu'à la première moitié du vingtième siècle. En plein milieu de la Grande Dépression américaine, Atlanta commença à asseoir sa position de centre aéronautique, et à jouer le rôle de carrefour aérien qui en fait la capitale du Sud. Delta Air Lines ouvrit son premier hangar à Atlanta en 1941; «W.S.B.», la première chaîne de télévision, y vit le jour quelques années plus tard. Pendant l'âge d'or du cinéma américain, le livre d'une jeune femme originaire d'Atlanta devint le film le plus célèbre de tous les temps. En retraçant le destin dramatique de la ville pendant la Guerre de Sécession, «Autant en emporte le vent» l'oeuvre de Margaret Mitchell a fasciné les imaginations. En 1939, la première du film au Grand Théâtre Loew fut un événement pour l'Amérique toute entière.

Margaret Mitchell, a young Atlanta reporter, was propelled to international fame when her novel Gone With The Wind *was published in the 1930s.*

Margaret Mitchell, une jeune journaliste d'Atlanta, auteur de «Autant en emporte le vent» est devenue célèbre dans le monde entier dès la publication de son roman en 1930.

51

THE SOUTH BECOMES A CULTURAL FORCE IN AMERICAN LIFE.

Despite the progress of the New South and the strong growth of certain Southern cities, history reveals that the states of the Southeast trailed far behind the rest of the nation in economic development for more than a century. As a result the South failed to gain the international exposure and contact enjoyed by the rest of the United States. But while the region struggled to gain ground economically, the rich diversity of southern life produced a unique culture that displayed tremendous creativity. Southern literature and music rose to world-class heights and extended the influence of the region around the globe. Led by writers such as William Faulkner, Thomas Wolfe and Flannery O'Connor, the South developed a tradition of literary self-examination that revealed universal truths about life. New music forms sprung from the fertile soul of the South like the cotton that covered its fields. Jazz, ragtime, blues, rhythm and blues, soul, country, bluegrass and cajun melodies all have southern origins. Musical innovators such as Louis Armstrong, Duke Ellington and Ray Charles gained international acclaim for southern composers and songwriters. And folk art flourished as well, manifesting itself in literally hundreds of forms from pottery to quilt-making, from primitive painting to furniture design. Long before Atlanta became a center of the arts, the South had become a cultural force in American life.

Legendary performers like Louis Armstrong pushed the musical traditions of the South into new realms of creativity and improvisation.

Des musiciens de talent, tel Louis Armstrong, ont su introduire dans l'univers de la création et de leurs improvisations, les traditions musicales du Sud.

LE ROLE DU SUD DANS LA VIE CULTURELLE AMERICAINE.

En dépit des progrès vantés par les tenants du «Nouveau Sud», et l'avance indubitable de bien des villes de la région, l'histoire nous apprend que les Etats du Sud, ont gardé pendant plus d'un siècle un retard certain sur le reste du pays. Entre le début de la Guerre de Sécession en 1860 et la Renaissance du Sud dans les années soixante, le développement économique du pays s'était concentré dans les Etats du Nord-Est, et de l'Ouest. De ce fait les échanges internationaux firent défaut aux Etats du Sud, ainsi que tous les bénéfices qu'ils comportent.

Mais tandis qu'ils se battaient sur le terrain économique, les Etats du Sud voyaient s'épanouir au sein de la riche diversité de leur mode de vie, une civilisation originale, extrêmement novatrice. La littérature et la musique du Sud atteignirent une renommée internationale, et étendirent leur influence bien au delà de nos frontières. Des écrivains comme William Faulkner, Thomas Wolfe et Flannery O'Connor, ont su traduire, à travers leurs visions personnelles, des valeurs universelles. Jaillie des profondeurs de son âme, une musique différente est devenue l'expression même du Sud. Le «jazz», le «ragtime», le «blues» et le «rhythm and blues», le «soul», le «country», le «bluegrass» et les mélodies créoles toutes ont une origine du Sud si marquée qu'il n'y a pas encore de mots qui les traduisent. Des compositeurs comme Louis Armstrong, Duke Ellington et Ray Charles ont acquis une renommée internationale au nom des musiciens du Sud. Quant à toutes les formes de l'artisanat, elles connaissaient un essor remarquable de la poterie à l'ébénisterie, de la peinture naïve à la fabrication des patchworks. Longtemps avant qu'Atlanta ne devienne un centre artistique, le Sud était devenu un lieu d'expression culturelle dans la vie américaine.

Ray Charles, the blind singer and song-writer, won widespread fame with his heartfelt tribute to his home when he recorded the hit song "Georgia."

Ray Charles, le chanteur-compositeur aveugle, a connu une renommée mondiale avec un succès qui célébrait ses origines : «Georgia».

1973: When he is elected Atlanta Mayor, Maynard Jackson becomes the first black mayor of a major Southern city.

1973 : Elu Maire d'Atlanta, Maynard Jackson, devient le premier Maire noir d'une ville du Sud.

1980: Sporting the world's largest terminal, Atlanta's Hartsfield International Airport opens and becomes the world's busiest in a few short years.

1980 : Avec le plus vaste terminal existant, l'aéroport international d'Atlanta est bientôt devenu le premier aéroport du monde, en trafic comme en surface.

1980: From its headquarters in Atlanta, Cable News Network is beamed to a national audience for the first time, becoming the world's first 24-hour all-news television network.

1980 : A partir de son siège, à Atlanta, «Cable News Network» (C.N.N.), émet pour la première fois dans tous les Etats-Unis, et devient la première chaîne au monde de journal télévisé «24 heures sur 24».

1987: Construction is complete on MARTA's high-speed rail line to Hartsfield International Airport, linking most of the metropolitan area in an integrated transportation system.

1987 : L'achèvement du Réseau Express Régional relie l'Aéroport International d'Hartsfield aux lignes de Métro déja en service, au sein d'un système de transport ultra-rapide.

1988: Atlanta's distinction as one of America's finest conference centers is confirmed when the Democratic Presidential Nominating Convention is held here in the summer. The event is staged in flawless fashion and reported to the world by more than 15,000 international broadcast and print journalists.

1988 : La réputation d'Atlanta comme ville de Congrès s'affirme lors du Congrès du Parti Démocrate pendant l'été. L'événement connaît un succès sans précédent et fait l'objet de reportages dans le monde entier grâce à la présence de 15.000 journalistes de la presse écrite, de la radio et de la télévision.

1950 1960 1970 1980 1990

1970: Atlanta achieves the distinction of becoming America's 20th largest city with a population of almost 500,000 people.

1970 : Atlanta est devenue la vingtième ville des Etats-Unis, avec une population de près de 500.000 habitants.

1981: Andrew Young, devoted Civil Rights Leader and former U.S. Ambassador to the United Nations, succeeds Maynard Jackson as Mayor of Atlanta.

1981 : Andrew Young, un des plus fervents chefs de file du Mouvement pour les Droits Civils, ancien ambassadeur aux Nations Unies, succédant à Maynard Jackson, devient Maire d'Atlanta.

1989: Maynard Jackson is re-elected Mayor by an overwhelming vote of confidence. Known for his dynamic style of leadership, Jackson is an outspoken proponent of Atlanta's Olympic quest and a long-time member of the Board of the Atlanta Organizing Committee. In partnership with AOC Chairman Andrew Young, Jackson leads Atlanta's continuing effort to host the Games.

1989 : Maynard Jackson redevient Maire d'Atlanta, au cours d'une élection triomphale. Réputé pour son dynamisme, Jackson est un partisan fervent de la venue des Jeux à Atlanta, et un membre de la première heure du Comité d'Organisation de la ville. En complet accord avec le Président du Comité, Andrew Young, Jackson dirige les efforts d'Atlanta pour accueillir les Jeux Olympiques d'été de 1996.

1923: For more than 50 years, Robert W. Woodruff led the worldwide expansion of Coca-Cola, turning the company's logo into the world's most familiar symbol. In his private life, Woodruff set a high standard as Atlanta's leading philanthropist and patron of the arts.

1923 : Pendant plus de 50 ans, Robert W. Woodruff dirigea la formidable expansion de Coca-Cola, transformant le sigle de la compagnie en l'un des symboles les plus familiers du monde. Dans sa vie privée, Woodruff s'est remarquablement distingué en tant que philanthrope et protecteur des arts.

1941: Delta Air Lines, recognizing the city's emerging role as an aviation center, opens its first Atlanta hanger with six planes.

1941 : Consciente des perspectives d'avenir d'Atlanta, la compagnie aérienne Delta Air Lines y ouvre, avec six avions, son premier entrepôt.

1959: Martin Luther King, Jr. takes over the pulpit at Atlanta's Ebenezer Baptist Church and continues to preach against the problems of discrimination in our society. The Civil Rights leader receives the Nobel Peace Prize in 1964 but is tragically slain four years later in Memphis, Tennessee.

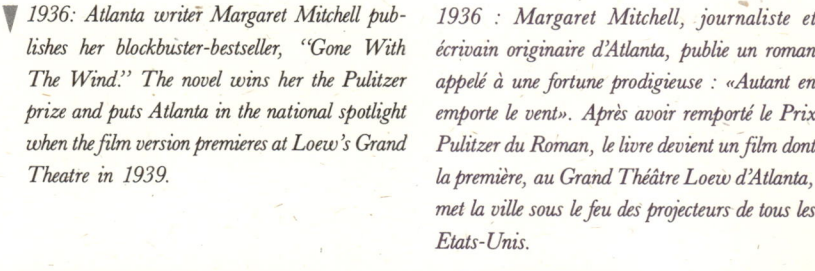

1959 : Martin Luther King Jr. prend la succession de son père, à l'église baptiste Ebenezer, et prêche sans discontinuer contre le racisme de notre société. Devenu le chef de file du Mouvement pour le respect des Droits Civils, il reçoit le Prix Nobel de la Paix en 1964, mais connaît une fin tragique quatre ans plus tard, à Memphis, où il est assassiné.

1910   1920   1930   1940

1936: Atlanta writer Margaret Mitchell publishes her blockbuster-bestseller, "Gone With The Wind." The novel wins her the Pulitzer prize and puts Atlanta in the national spotlight when the film version premieres at Loew's Grand Theatre in 1939.

1936 : Margaret Mitchell, journaliste et écrivain originaire d'Atlanta, publie un roman appelé à une fortune prodigieuse : «Autant en emporte le vent». Après avoir remporté le Prix Pulitzer du Roman, le livre devient un film dont la première, au Grand Théâtre Loew d'Atlanta, met la ville sous le feu des projecteurs de tous les Etats-Unis.

1948: WSB of Atlanta goes on the air and becomes the South's first television station.

1948 : W.S.B. ouvre ses portes et devient la première chaîne de télévision du Sud.

GIVING THE WORLD A DREAM OF EQUALITY.

His voice thundered with unusual eloquence from the pulpit of Atlanta's Ebenezer Baptist Church, where he shared the pastorate with his father. But it was not only the local congregation that listened to his message. Martin Luther King Jr. was heard across the nation and around the world. Preaching a nonviolent gospel aimed at correcting the inequities of racism, Dr. King rose from obscurity to become one of history's most influential advocates of interracial equality and peace. As a founder of the Southern Christian Leadership Conference, he was recognized as the undisputed leader of the Civil Rights Movement. The Nobel Peace Prize in 1964 affirmed the moral imperatives of his vision.

Although his voice was tragically silenced in 1968, his dream lives on today in Atlanta. Under the leadership of his courageous widow, Coretta Scott King, the Martin Luther King Jr. Center for Nonviolent Social Change continues to lead the worldwide struggle for full equality and human rights. The Center is part of a national historic district that commemorates the accomplishments of Dr. King and his co-workers. The integrity and unity of his life are symbolized by the fact that the home where he was born, the church where he preached and the tomb where he was laid to rest are linked by a few city blocks. An eternal flame burns at his grave as a vigilant reminder of the freedom he fought for so valiantly.

DONNER AU MONDE UN REVE D'EGALITE.

Le tonnerre de l'éloquence enflait sa voix lorsqu'il prêchait à Atlanta, de la chaire de l'église baptiste Ebenezer, où il avait succédé à son père. Mais ce n'était pas seulement les fidèles du lieu qui écoutaient son message : Martin Luther King était entendu à travers tout le pays, et dans le monde entier. Ses oraisons pour la suppression de l'inégalité, pour la paix et contre le racisme mirent en lumière le Révérend Dr. King et en firent un des apôtres de la paix parmi les plus influents de l'histoire. Fondateur de l'Association des Chrétiens du Sud, il fut reconnu sans conteste chef de file du Mouvement pour les Droits Civils. En 1964, le Prix Nobel de la Paix vint couronner l'œuvre morale et spirituelle de sa vie.

Bien qu'un assassin ait fait taire sa voix en 1968, son rêve est resté vivant parmi nous. Sous la direction de sa femme Coretta Scott King, le Centre Martin Luther King pour le Changement Social et Non-Violent continue à mener son action de par le monde pour une pleine reconnaissance des droits de l'homme et de l'égalité. Le Centre fait partie d'un site historique consacré à la mémoire des travaux du Dr. King et de ses collaborateurs. La maison où il est né, l'église où il a prêché et la tombe où il repose ne sont séparées que de quelques dizaines de mètres, tel un symbole de l'esprit d'unité qui fut le sien. Une flamme perpétuelle témoigne devant sa tombe de la lutte pour la liberté qu'il mena si vaillamment.

"I have a dream that one day this nation will rise up and live out the true meaning of its creed: "We hold these truths to be self-evident; that all men are created equal.""

Martin Luther King, Jr.
Washington, D.C.
August 28, 1963

«Je fais ce rêve : un jour, ce peuple se lèvera et portera témoignage par cet acte de foi : nous tenons pour évidente cette vérité inaliénable, que tous les hommes ont été créés égaux».

Martin Luther King Jr.
Washington, D.C.
le 28 août 1963

GEORGIA DEVELOPS A LOVE FOR SPORT.

Like the rest of the American South, Georgia has a long and illustrious history in sports. It has produced hundreds of amateur and professional athletes of world renown. More than 70 Olympians have sprung from Georgia's fertile soil. They have brought home 37 medals, 24 of them gold. In Berlin in 1936, Forrest Grady Towns captured the Gold when he became the first man to break 14 seconds in the 110 meter hurdles. In 1956, Paul Anderson was hailed as the world's strongest human when he won the weightlifting Gold Medal in Melbourne. In 1964 and 1968, Wyomia Tyus became the first sprinter in Olympic history to win back-to-back Gold Medals when she won the 100 meter races in Tokyo and Mexico City. Other Olympians like Steve Lundquist, Jennifer Chandler and Antonio McKay added their names to the rolls that brought honor and glory to Atlanta and Georgia and helped reinforce a grand athletic tradition.

In the world of golf, no one has ever equalled the feats of Georgia natives Bobby Jones and Louise Suggs. In 1930, Jones recorded the only men's Grand Slam in golfing history, and Suggs won back-to-back Grand Slams on the woman's tour in 1947 and 1948. Atlanta's Bitsy Grant won the U.S. Clay Court Tennis Championship in 1930. But perhaps Georgia's most famous athletes won their fame in baseball. Ty Cobb, who holds baseball's highest lifetime batting average, and Hank Aaron, who reigns as the game's all-time home run king, are both legends of Georgia sports lore. The last two Olympiads provide ample evidence that Georgia's athletic traditions are thriving today. More than 20 Georgia athletes represented the United States in both Los Angeles and Seoul, and even more will strive to attain that honor if the 1996 Games come to Atlanta.

No other golfer in history has equalled Bobby Jones' legendary feat. In 1930, competing as an amateur athlete, the Georgia native became the only golfer ever to win the coveted Grand Slam.

Aucun joueur de golf, dans l'histoire de ce sport, n'a pu égaler le légendaire Bobby Jones. En 1930, lors du championnat d'amateurs, le Géorgien fut le seul à remporter le très convoité «Grand Chelem», exploit jamais renouvelé depuis.

In Berlin in 1936, Georgia's Forrest "Spec" Towns won the gold in the 110 meter hurdles. Towns holds the proud distinction of being Georgia's senior Olympian today.

En 1936 à Berlin le Géorgien Forrest «Spec» Towns remporta la Médaille d'Or du 100 mètres-haies. Towns a aujourd'hui l'honneur et le plaisir d'être le plus ancien champion olympique d'Atlanta.

Atlanta's Bitsy Grant won the U.S. Clay Court Tennis Championship in 1930 and started a competitive tradition that helped the city develop into the largest tennis center in the United States today.

En 1930, Bitsy Grant, originaire d'Atlanta, en remportant la Coupe Clay du Championnat des Etats-Unis, créa une émulation générale qui mena la ville à se développer au point de devenir le centre de tennis le plus important des Etats-Unis.

Baseball legend Hank Aaron won widespread fame in 1974 when he broke Babe Ruth's 47-year old record to become the game's all-time home run king. Aaron ended his career with 755 home runs, 41 more than Ruth.

Hank Aaron fait partie de la légende du base-ball. Il s'acquit une renommée mondiale en 1974, en battant le record du monde vieux de 47 ans de Babe Ruth, et il devint ainsi le plus grand champion de «homerun» de tous les temps. Aaron termina sa carrière avec 755 «homeruns», soit 41 de plus que Babe Ruth.

BREVE HISTOIRE DU SPORT EN GEORGIA.

Comme les autres Etats du Sud, la Géorgie a une longue et riche histoire dans le domaine du sport. Elle a produit des centaines de champions renommés amateurs et professionnels. Plus de 70 champions olympiques lui ont rapporté 37 médailles, dont 24 médailles d'or. A Berlin, en 1936 Forrest Grady Towns remporta la sienne en devenant le premier à battre le record au 110 mètres haies en moins de 14 secondes. En 1956 à Melbourne, Paul Anderson la remporta à l'haltérophilie, en même temps que le titre de l'homme le plus fort du monde. En 1964 et en 1968 Wyomia Tyus, en remportant deux Médailles d'Or consécutives au 100 mètres, à Tokyo et à Mexico, est devenue la première championne de l'histoire Olympique à détenir ce record. D'autres champions olympiques comme Steve Lundquist, Jennifer Chandler et Antonio McKay ont laissé leur noms dans la liste glorieuse qui fait la fierté d'Atlanta, et dans la tradition de notre athlétisme.

Dans le monde du golf, Bobby Jones et Louise Suggs, originaires d'Atlanta, sont restés sans rivaux : Jones a remporté en 1930 le seul Grand Chelem de l'histoire du golf, et Louise Suggs a remporté le Grand Chelem féminin deux fois de suite en 1947 et 1948. En 1930 un autre de nos compatriotes, Bitsy Grant, a remporté la Coupe Clay du Championnat de Tennis des Etats-Unis.

Mais nos plus fameux sportifs sont sans nul doute nos joueurs de baseball. Ty Cobb, qui détient le meilleur record à la batte, et Hank Aaron, le roi incontesté du jeu, et le plus grand champion de tous les temps, sont tous les deux des figures légendaires de notre histoire.

Les deux dernières Olympiades ont amplement démontré, avec la présence de plus de vingt Géorgiens en compétition, à Séoul et à Los Angeles, la permanence et la force de notre tradition athlétique. Si les Jeux de 1996 se déroulaient à Atlanta, nous verrions à coup sûr s'accroître l'enthousiasme de nos jeunes sportifs, ainsi que le nombre de ceux qui tiendraient à l'honneur d'y participer.

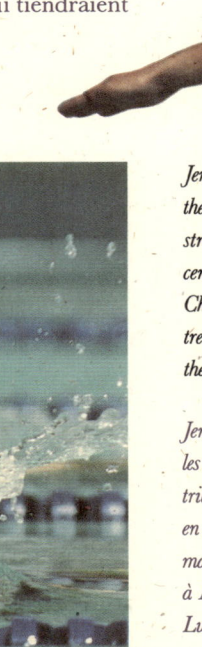

When Georgia's Wyomia Tyus won the 100 meter Gold Medal in Mexico City in 1968, repeating her 1964 Tokyo victory, she became the first runner, male or female, to win sprint titles in consecutive Olympiads.

Lorsque la Géorgienne Wyomia Tyus a gagné la médaille d'or à Mexico en 1968, renouvelant ainsi son exploit de Tokyo en 1964, elle devint la première personne au monde à remporter cette victoire deux fois de suite à la course à pied.

Jennifer Chandler and Steve Lundquist are among the recent Olympic medalists who have helped strengthen Georgia's reputation as an emerging center of athletic excellence in amateur sports. Chandler won the springboard diving gold in Montreal; Lunquist won the gold in Los Angeles in the 100 meter breaststroke.

Jennifer Chandler et Steve Lundquist sont parmi les récents «médaillés olympiques» qui ont contribué à la réputation grandissante de la Géorgie en tant que nouvelle source d'apports dans le domaine du sport amateur. J. Chandler remporta à Montréal la Médaille d'Or de plongeon, et S. Lundquist, la Médaille d'Or au 100 mètres brasse à Los Angeles.

THE GAMES

59
OLYMPIC RING
LE CERCLE OLYMPIQUE

60
PROGRAMME
LE PROGRAMME

61
VENUE DESCRIPTIONS
LA DESCRIPTION DES SITES

70
OLYMPIC VILLAGE
LE VILLAGE OLYMPIQUE

73
CULTURAL PROGRAMME
LE PROGRAMME CULTUREL

75
SPORTS ADMINISTRATION
L' ADMINISTRATION DES SPORTS

Setting the stage for the glorious competition.

Atlanta plans a compact Games.

In the spirit of the International Olympic Committee's guidelines, Atlanta has focused its considerable resources on organizing a venue plan that is highly convenient. The programme involves 25 separate sports.

The compact nature of Atlanta's plan is indicated by the fact that 96 percent of the sports on the programme — 24 of 25 — are organized within the metropolitan Atlanta area. The average distance between the Olympic Village and the venues for these 24 sports is only 10.5 km, with the majority (14) of the venues less than 3 km from the Village. The Olympic Family Hotel is even closer than the Village to most of the venues, and the Media Centre, which combines the IBC and MPC in one building, is immediately adjacent to 11 venues.

Préparatifs et plans pour une glorieuse compétition.

En respectant les directives du Comité International Olympique, Atlanta s'est tout particulièrement efforcée de dresser des plans qui, en réunissant les considérables ressources dont elle dispose, offrent à tous les participants et à toutes les épreuves sportives le maximum de confort pratique. Le programme comprend 25 sports différents.

Un élément essentiel de ce plan est constitué par le fait que 96% des sports au programme, soit 24 sur 25, prendront place à Atlanta même. La distance entre le Village Olympique et les lieux de rencontres sportives sera en moyenne de 10.5 km et de moins de trois kilomètres pour la majorité (14) d'entre eux. L'Hôtel de la Famille Olympique est même plus proche que le Village de la plupart de ces sites, et le Centre Médiatique, qui rassemble le Centre de Radio-Télévision (I.B.C.) et le Centre des Agences de Presse (M.P.C.) dans un seul immeuble, jouxte 11 de ces lieux de rencontres.

THE OLYMPIC RING

Just as the five Olympic rings symbolize the unity of the Games, Atlanta's Olympic Ring reflects the integrity and convenience of the city's vision for the XXVIth Olympiad. The ring is a concentrated geographic area with a 2.5 km radius in the heart of the city. It encircles the Olympic Stadium, the Olympic Centre, the Olympic Family Hotel, the Olympic Village and the Media Centre. Within its boundaries lie the combined venues for 16 of the 25 sports on Atlanta's 1996 programme. A true measure of the Ring's convenience is found in the fact that all of its venues are within 3 km of the Olympic Family Hotel and less than 5 kilometers from the Olympic Village. For the convenience of the athletes, more than a dozen training sites are situated within the Ring. And for the convenience of spectators, all of the Ring's venues are served by MARTA, the city's high-speed rapid rail and bus system.

Beyond the proximity of the sporting venues, the Olympic Ring offers additional conveniences. Since the Ring encircles the heart of downtown Atlanta, scores of major hotels and an even greater number of the city's most popular attractions are located within its borders. Literally hundreds of restaurants, nightspots, museums and galleries are situated there, including the spectacular new Underground Atlanta, a five-block shopping and entertainment complex in the heart of the city.

The Olympic Park at Stone Mountain is a 3,200-acre recreation center and nature preserve with a 383-acre lake surrounding the world's largest granite monolith. It will serve as the site for seven sports: archery, canoeing, cycling, equestrian, modern pentathlon, rowing and shooting.

Tout comme les cinq anneaux entrelacés symbolisent le rapprochement des cinq continents et la rencontre universelle des athlètes, le Cercle Olympique d'Atlanta représente l'union des coeurs et des esprits au service de l'Idéal olympique et des Jeux par lesquels il s'exprime. Le Cercle est une enceinte de 2,5 km de rayon au coeur de la ville, circonscrivant un espace qui comprend le Stade Olympique, le Centre Olympique, l'Hôtel de la Famille Olympique, le Village Olympique et le Centre Médiatique, ainsi que les emplacements de 16 sports sur les 25 qui sont au programme d'Atlanta. La parfaite adéquation de cette disposition est vérifiable par le fait que toutes les épreuves sportives devant s'y dérouler seront à moins de 3 km de l'Hôtel de la Famille Olympique, et à moins de 5 km du Village Olympique. Plus d'une douzaine de terrains d'entraînement s'y trouvent au service des concurrents.

Quant aux spectateurs, ils ont accès à tous les terrains de rencontres grâce à «MARTA», le système de transports urbains rapides qui en dessert toutes les issues, soit par métro, soit par autobus.

Outre la proximité des lieux de rencontres sportives, le Cercle Olympique offre de nombreux avantages. Du fait qu'il entoure le coeur du centre ville, il donne un accès immédiat à la plupart des grands hôtels comme à un grand nombre de distractions de tous genres. Il englobe des centaines de restaurants, de clubs, de musées et de galeries, y compris le nouveau complexe commercial et culturel du «Underground Atlanta».

On trouve dans le site naturel du Parc Olympique à Stone Mountain, sur une surface de 1.300 hectares, un lac de près de 2 kilomètres carrés, le plus grand bloc granitique du monde, ainsi que diverses attractions culturelles et sportives.

C'est là que les épreuves de sept des sports olympiques prendront place : le tir à l'arc, le canoë, le cyclisme, les sports équestres, le pentathlon moderne, l'aviron et le tir olympique.

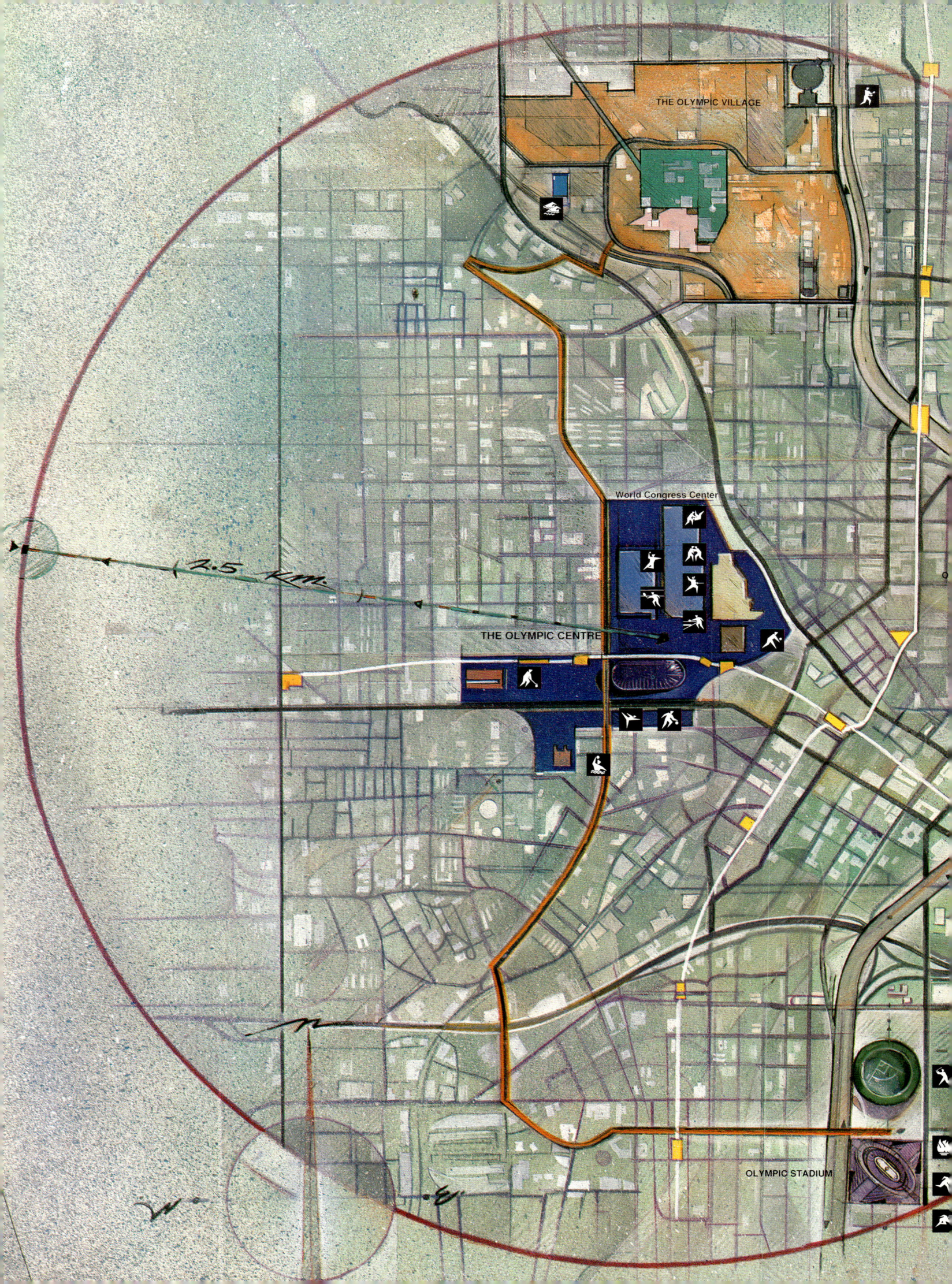

THE OLYMPIC VILLAGE

2.5 K.M.

World Congress Center

THE OLYMPIC CENTRE

OLYMPIC STADIUM

THE GAMES

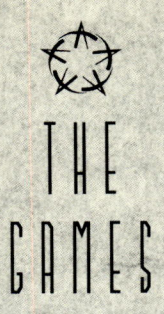

At the heart of Atlanta's plan are two major venue clusters: the Olympic Ring and the Olympic Park, which provide a wonderful contrast in settings — from the highly energetic atmosphere of an urban center to the peaceful serenity of a nature preserve. Together they encompass the venues for 23 of the 25 sports on Atlanta's proposed programme, with 16 sports within the 2.5 km radius of the Ring and seven others in the 3,200 acre Park.

Only yachting (and wild-water canoeing if included) will be staged beyond the limits of metropolitan Atlanta. Yachting will be conducted in the Atlantic Ocean just off the coast near Savannah, Georgia, which is 390 km from Atlanta. Wildwater canoeing, if the IOC wishes to include it in the programme, will be staged on the Ocoee River, 200 km north of Atlanta.

Le plan d'Atlanta comprend deux regroupements principaux, le Cercle Olympique et le Parc Olympique, chacun très différent de l'autre par l'atmosphère : le premier offrant une ambiance urbaine, pleine de vitalité, et le second, la paisible sérénité de la nature. Réunis, ils procurent les emplacements nécessaires aux sports du programme d'Atlanta (23 sur 25) c'est à dire que seize de ces sports seront circonscrits dans un rayon de 2,5 km, pour le Cercle, et sept autres dans les 1.300 hectares du Parc.

Seules les épreuves de yachting et de canoë en eaux vives, s'il y en a, se dérouleront en dehors des limites de la ville. Les épreuves de yachting pourraient avoir lieu sur la côte Atlantique, à Savannah (Géorgie), à 390 km d'Atlanta.

Les épreuves de canoë en eaux vives, si les membres du Comité International Olympique veulent les inclure dans le programme, pourraient prendre place sur la rivière Ocoee, à 200 km au nord d'Atlanta.

OLYMPIC PROGRAMME JULY 20, 1996 — AUGUST 4, 1996
PROGRAMME OLYMPIQUE DU 20 JUILLET AU 4 AOUT 1996

VENUE	EVENT	1 2 3 4 5 6 7 8 9 10 11 12 13 14 15 16	EVENEMENT	SITE
Olympic Ring				**Cercle Olympique**
Olympic Stadium	Opening Ceremonies		Cérémonie d'ouverture	Stade Olympique
	Closing Ceremonies		Cérémonie de clôture	
	Athletics		Athlétisme	
	Football Finals		Finale de football	
	Show Jumping Finals		Finale de sauts	
Georgia Dome	Basketball		Basket-ball	Georgia Dome
	Gymnastics		Gymnastique	
	Boxing Finals		Finale de boxe	
	Handball Finals		Finale de handball	
World Congress Ctr. 2	Fencing		Escrime	World Congress Ctr. 2
	Table Tennis		Tennis de table	
World Congress Ctr. 3	Judo		Judo	World Congress Ctr. 3
	Wrestling		Lutte	
World Congress Ctr. 4	Handball		Handball	World Congress Ctr. 4
	Badminton		Badminton	
Omni	Volleyball		Volley-ball	Omni
Atlanta Univ. Complex	Water Polo		Water-polo	Atlanta Univ. Complex
	Field Hockey		Hockey	
Atl. Fulton Co. Stadium	Baseball		Base-ball	Stade d'Atlanta Fulton
GA Tech Coliseum	Boxing		Boxe	GA Tech Coliseum
Natatorium	Swimming		Natation	Natatorium
	Diving		Plongeon	
	Syn. Swimming		Nage synchronisée	
Civic Center	Weightlifting		Haltérophilie	Civic Center
Blackburn Park	Tennis		Tennis	Parc Blackburn
Outlying Stadiums	Football		Football	Stades périphériques
Olympic Park				**Parc Olympique**
Stone Mountain	Archery		Tir à l'arc	Parc à Stone Mountain
	Canoeing		Canoë en eaux calmes	
	Cycling		Cyclisme	
	Equestrian Event		Sports équestres	
	Modern Pentathlon		Pentathlon moderne	
	Rowing		Aviron	
	Shooting		Tir olympique	
Savannah	Yachting		Yachting	Savannah

60

OLYMPIC STADIUM

With more than 85,000 seats, Atlanta's new Olympic Stadium will be the largest and most modern open-air facility of its kind in the American South. Located within 2.5 km of the Olympic Family Hotel and within 4.5 km of the Olympic Village, it will be constructed next to the existing 53,000-seat Atlanta Fulton County Stadium, which will provide a convenient staging area for the Opening and Closing Ceremonies. The Olympic Stadium is expected to become the permanent home of the Atlanta Braves baseball team after the Games.

Avec plus de 85.000 places assises, le nouveau Stade Olympique d'Atlanta, à ciel ouvert, sera le plus grand et le plus moderne en son genre de tout le sud de l'Amérique. Situé à moins de 2,5 km de l'Hôtel de la Famille Olympique et à moins de 4,5 km du Village Olympique, il jouxtera le stade actuel de 53.000 places appelé Stade d'Atlanta-Fulton, lequel assurera aux cérémonies d'ouverture et de clôture des Jeux une aire de préparation.

Par la suite, le Stade Olympique sera affecté à titre permanent à l'équipe de base-ball des «Atlanta Braves».

The northern stands of the Olympic Stadium rise in dramatic fashion in five impressive decks, while the southern stands descend from ground level in the manner of the coliseums of ancient times.

La disposition du Stade Olympique figure la manière des amphithéâtres de jadis avec ses cinq impressionnantes levées au nord, et ses gradins en escalier au sud.

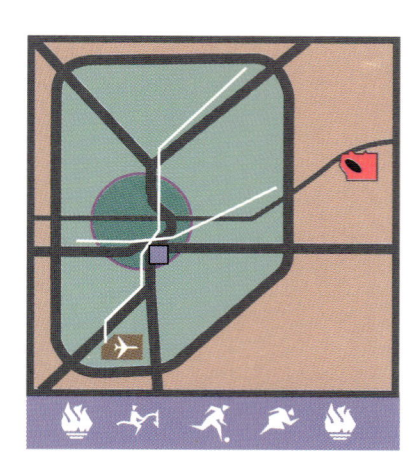

61

ATLANTA FULTON COUNTY STADIUM

Atlanta Fulton County Stadium is an established baseball arena with seating for more than 53,000. Its natural grass surface and support facilities make it an ideal venue for Olympic baseball. The Olympic Family Hotel is within 2.5 km and the Olympic Village is within 4.5 km of the stadium. During the Games, short-loop shuttle buses will link the stadium to a nearby station in MARTA's rapid rail system.

Le Stade d'Atlanta-Fulton est le stade officiel du base-ball, avec plus de 53.000 places. Sa surface de gazon naturel, et ses aménagements en font le terrain idéal pour les rencontres olympiques de base-ball.

L'Hôtel de la Famille Olympique en est éloigné de moins de 2,5 km et le Village Olympique de moins de 4,5 km. Pendant la durée des Jeux, des navettes relieront en permanence le stade à la station de métro qui se trouve à proximité.

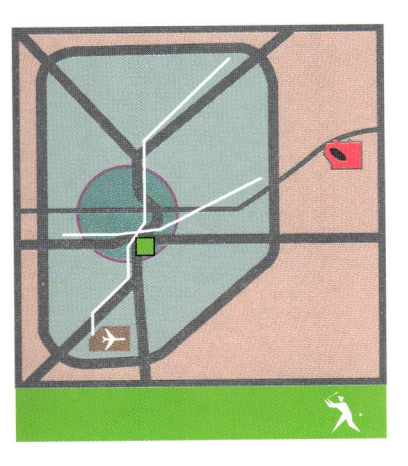

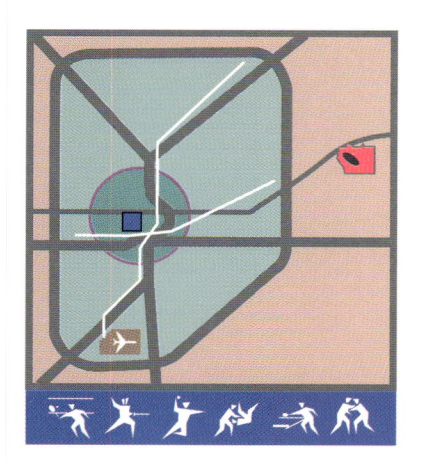

More than 117,000 m² in three of the four adjacent buildings in the enormous halls of the World Congress Center (WCC) will be dedicated to competition and sports administration. Atlanta will custom design six enclosed arenas for six separate sports within this space. Each arena will be built to the exacting standards of the appropriate IF, and each will be supported with a full complement of the necessary athletic facilities. In addition, each arena will feature glass-enclosed suites for the use of IOC members, IF officals and their guests. The arenas for badminton, handball, judo and wrestling will each have more than 7,500 custom designed mold-formed seats. There will be approximately 3,000 such seats in the fencing arena and approximately 5,000 for table tennis. As part of The Olympic Centre, the WCC also houses the Media Centre and adjoins the Omni, the Georgia Dome and the Atlanta University Complex. It is only 2 km from the Olympic Village and 1 km from the Olympic Family Hotel. After the Games, the World Congress Center will continue to serves as a major venue for sports competitions and commercial exhibitions.

Les vastes espaces du «World Congress Center» mettront, dans trois de leurs édifices, un espace de plus de 117.000 m² à la disposition des services sportifs et du déroulement de certaines épreuves. Atlanta prévoit d'y élever six enclos règlementaires réservés à six sports différents. Chacun sera construit selon les normes en vigueur auprès de la Fédération Internationale, et chacun d'eux offrira tous les aménagements nécessaires à la pratique de l'épreuve, ainsi que des salons vitrés à l'usage des membres du Comité International Olympique, de ceux des Fédérations Internationales, et de leurs invités. Les salles de badminton, de judo, de handball et de lutte auront chacune plus de 7.500 sièges confortables et conformes aux règlements. Il y en aura environ 3.000 semblables pour l'escrime et 5.000 pour le tennis de table. En tant que partie intégrante du Centre Olympique, le «World Congress Center» abrite également le Centre Médiatique ; l'Omni, le «Georgia Dome» ainsi que le l'«Atlanta University Complex» lui sont contigus. Il est situé à 2 km seulement du Village Olympique, et à 1 km de l'Hôtel de la Famille Olympique. Après les Jeux le «World Congress Center» continuera de recevoir des sports de compétition, et des expositions commerciales.

WORLD CONGRESS CENTER

The Olympic Centre is the most concentrated cluster of venues within Atlanta's highly compact venue plan. Located at the core of the Olympic Ring, the Olympic Centre encompasses the competition venues for 11 separate sports plus the Media Centre, which combines the IBC and MPC in a single building. The convenience of the Olympic Centre is illustrated by the fact that all of its venues are joined by an interconnected plaza and served by two permanent stations on MARTA, the city's rapid rail system. The plaza itself, which provides walkways between the Centre's venues, will be richly landscaped to create an atmosphere of beauty and provide a natural setting for relaxation for spectators and participants alike. The Olympic Centre is only 2 km from the Olympic Village and only 1 km from the Olympic Family Hotel.

Le Centre Olympique représente la plus grande concentration possible de terrains de sport à l'intérieur du périmètre déjà très resserré du plan d'Atlanta. Situé au coeur du Cercle Olympique, le Centre comprend onze terrains pour autant de sports, différents ainsi que le Centre Médiatique qui regroupe les Centres de Radio-Télévisions et d'Agences de Presse («M.B.C.» et «I.B.C.») sous un seul toit. Le fait que le Centre Olympique offre l'accès à une place commune à partir de tous ses lieux de compétition, et qu'il est desservi par deux stations de métro «MARTA», démontre le côté pratique de sa conception. La place elle-même sera agréablement disposée de façon à créer une atmosphère de détente pour les spectateurs comme pour les concurrents. Le Centre Olympique est à seulement 2 km du Village Olympique, et à 1 km de l'Hôtel de la Famille Olympique.

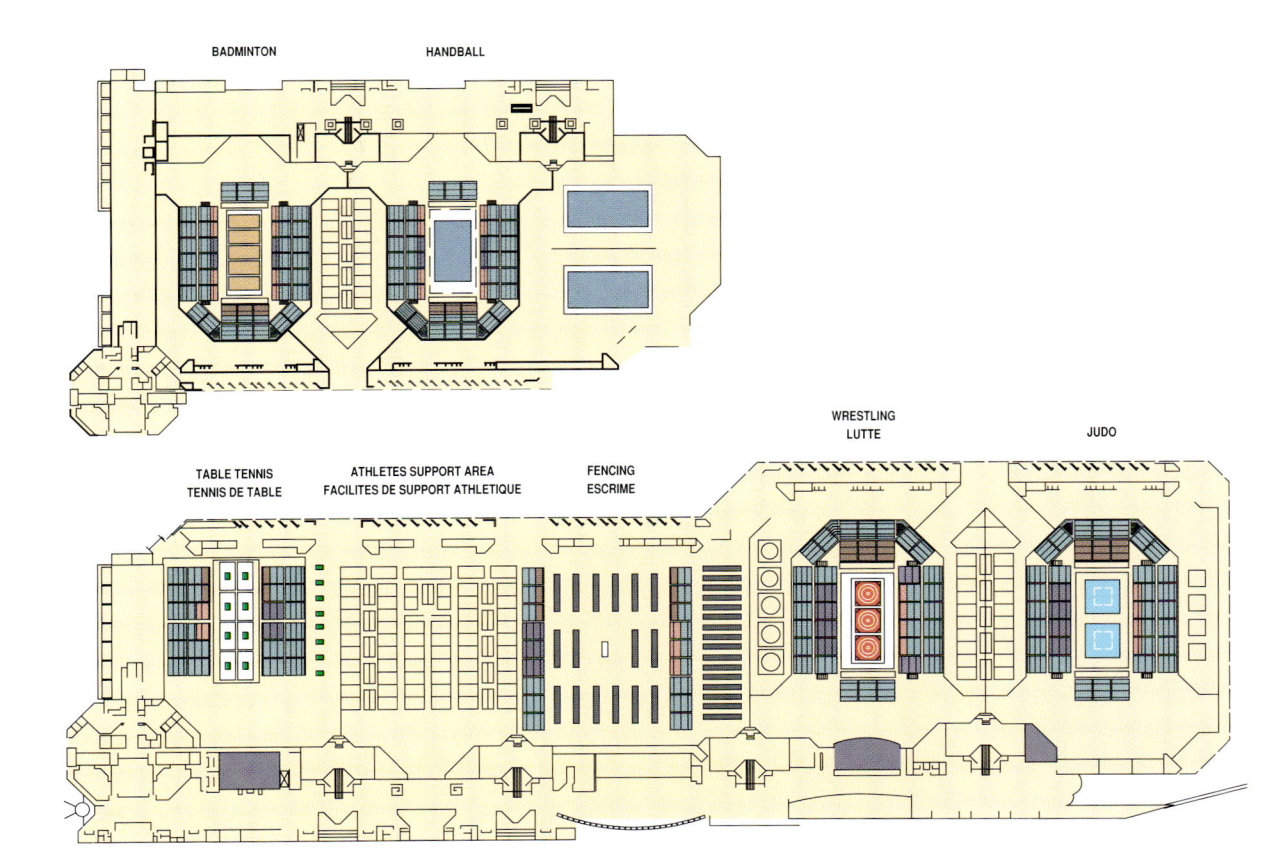

OLYMPIC CENTRE

Within the Olympic Centre, badminton, fencing, judo, wrestling, table tennis and handball will be held in the World Congress Center; volleyball at the Omni; gymnastics and basketball at the Georgia Dome; water polo and hockey at the Atlanta University Complex. The Media Centre, with both the IBC and the MPC, is also housed in the World Congress Center.

A l'intérieur du Centre Olympique prendront place : dans les salles du «World Congress Center», les compétitions de badminton, d'escrime, de judo, de lutte, de tennis de table et de handball; à l'Omni, le volley-ball; au «Georgia Dome», la gymnastique et le basket-ball; à l'«Atlanta University Complex», le water-polo et le hockey. Le Centre Médiatique en fait partie, comme les services de l'I.B.C. et de l'M.B.C.

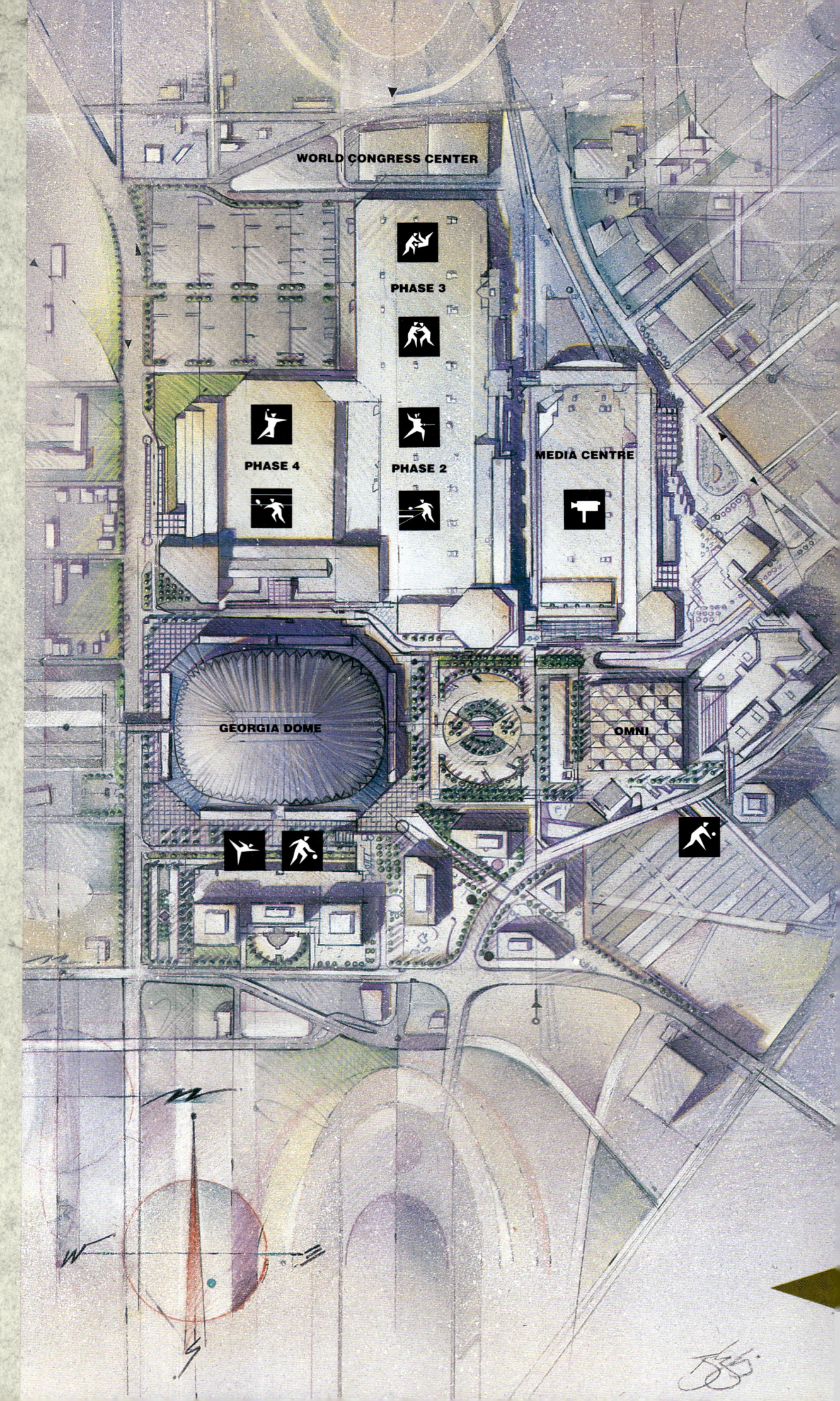

THE GEORGIA DOME

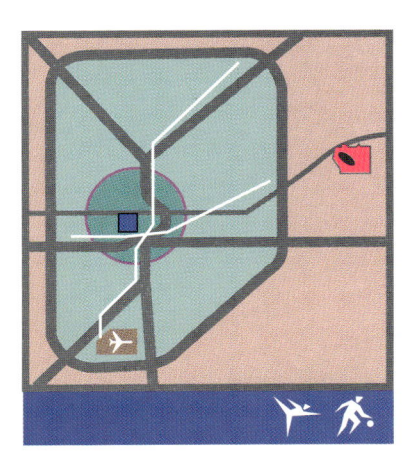

The Georgia Dome, a new, state-of-the-art enclosed stadium with seating for 72,000, is now under construction. Scheduled for completion in 1992, the Dome will be divided into two separate 36,000-seat arenas for basketball and gymnastics during the Olympics. As part of The Olympic Centre, the Dome adjoins the Media Centre, the World Congress Center, the Omni and the Atlanta University Complex. Located 1 km from the Olympic Family Hotel and 2 km from the Olympic Village, the Dome is served by two permanent stations on MARTA. Before and after the Games, it will serve as the new home of the Atlanta Falcons, the city's professional football team.

Le «Georgia Dome», un nouveau stade couvert, muni de tous les perfectionnements modernes, et pouvant asseoir 72.000 personnes, est en voie de construction. Prévu pour 1992, le «Dome» sera, à l'occasion des Jeux, divisé en deux parties de 36.000 places chacune, l'une consacrée aux épreuves de gymnastique, l'autre aux matchs de basketball. Le «Dome» fait partie du Centre Olympique, comme le Centre Médiatique, le «World Congress Center», l'Omni et l'«Atlanta University Complex», qui lui sont contigus. Situé à un kilomètre de l'Hôtel de la Famille Olympique, et à deux kilomètres du Village Olympique, le «Dome» est desservi par deux stations de métro «MARTA». Avant et après les Jeux il sera le stade de l'équipe de football américain professionnel de la ville : les «Atlanta Falcons».

ATLANTA UNIVERSITY

The water polo and hockey venues are conveniently located within the Olympic Centre in the Atlanta University Complex, a campus environment that serves five separate colleges and universities. A new 4,000-seat water polo stadium is being built for the Games adjacent to an existing pool, which will serve as a practice facility. Herndon Stadium in the Atlanta University Complex is being enlarged to 25,000 seats for the field hockey competition. As part of the Olympic Centre, these venues are served by MARTA's rapid rail system and located within 1.5 km of the Olympic Family Hotel and 2.5 km of the Olympic Village. Both facilities will be used for amateur sports competitions after the Games.

A l'intérieur du Centre Olympique, l'«Atlanta University Complex» offrira au coeur de son campus, qui est commun à cinq différents collèges et universités, les lieux de rencontres pour les épreuves de water-polo et de hockey. Un nouveau stade nautique de 4.000 places sera construit à cet effet dont la piscine olympique avoisinera celle qui est en service actuellement, et qui servira de piscine d'entraînement. Le stade Herndon du Complexe Universitaire se verra doté de 25.000 places supplémentaires à l'occasion des matchs de hockey. En tant que partie intégrante du Centre Olympique, ces terrains de sport sont desservis par le métro, et situés à moins de 1,5 km de l'Hôtel de la Famille Olympique, et à 2,5 km du Village Olympique. Ces aménagements seront utilisés par la suite pour les compétitions d'amateurs.

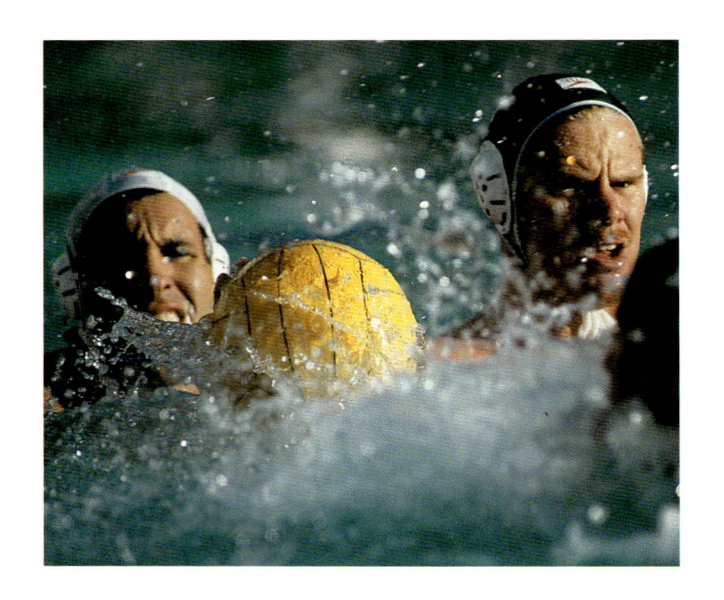

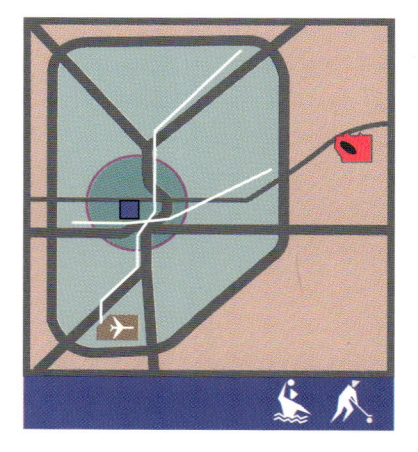

THE OMNI

With seating for 17,000, the Omni will serve as an ideal site for Olympic volleyball competition. Designed for major sporting events, its fully equipped facilities will require little modification to meet the requirements of the Federation Internationale de Volleyball. As part of The Olympic Centre, the Omni adjoins the World Congress Center, the Media Centre, the Georgia Dome and the Atlanta University Complex. It is located within 2 km of the Olympic Village and 1 km of the Olympic Family Hotel. The Olympic Centre is served by two permanent stations on the MARTA rapid rail system. It serves as the permanent home of the Atlanta Hawks N.B.A professional basketball team.

Avec 17.000 places assises, l'Omni est un endroit idéal pour les épreuves de volley-ball. Conçu pour des événements sportifs d'importance, ses aménagements requerraient peu de modifications pour satisfaire aux règlementations de la Fédération Internationale de volley-ball.

En tant que partie intégrante du Centre Olympique, l'Omni est contigu au «World Congress Center», au Centre Médiatique, au «Georgia Dome» et à l'«Atlanta University Complex». Il est situé à moins de 2 km du Village Olympique et à moins d'un kilomètre de l'Hôtel de la Famille Olympique.

Le Centre Olympique est desservi par deux stations de métro. L'Omni est le stade affecté en permanence à l'équipe professionnelle de basket-ball, les «Atlanta Hawks N.B.A.».

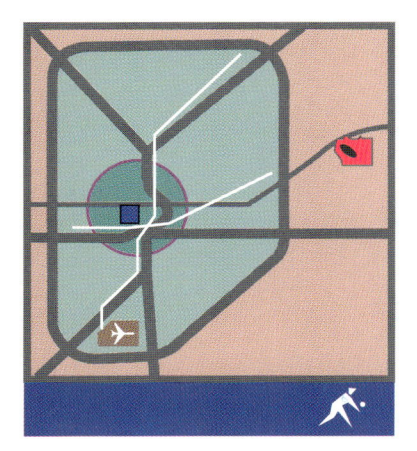

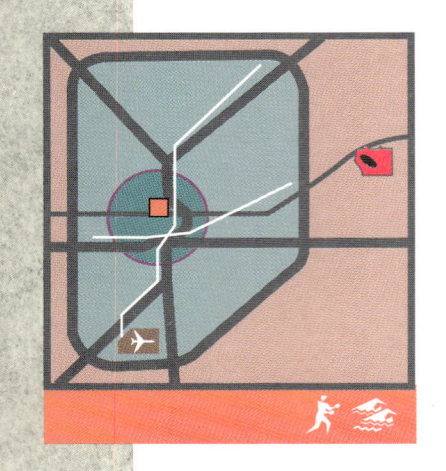

THE OLYMPIC NATATORIUM

Swimming and diving events will take place in the new Olympic Natatorium being built on the campus of the Georgia Institute of Technology, immediately adjacent to the Olympic Village. More than 15,000 seats will surround the diving and main competition pools under a suspended fabric roof. The Olympic Natatorium is an extension of an existing swimming complex that currently contains two pools, one of which is 50 m. These will serve as warm-up and practice pools. Shuttle buses will link the venue to MARTA. After the Games, the Olympic Natatorium will host major amateur swimming and diving competitions for years to come.

Les épreuves de natation et de plongeon prendront place dans le nouveau Natatorium Olympique qui s'élèvera sur le campus du «Georgia Institute of Technology», au voisinage immédiat du Village Olympique. Sous son toit plus de 15.000 places seront disposées autour des principales piscines de compétition et de leurs plongeoirs. Le Natatorium Olympique est une extension de l'actuel ensemble de deux piscines, dont l'une a 50 mètres de longueur, et qui pourront servir à l'échauffement et à l'entraînement des concurrents. Des navettes relieront l'endroit des épreuves aux stations de métro et aux arrêts d'autobus. Après les Jeux, le Natatorium Olympique accueillera les grandes compétitions à venir.

THE GEORGIA TECH COLISEUM

While the boxing finals will take place in a 36,000-seat arena in the Georgia Dome, all of the preliminary matches will be held in the 11,000-seat Georgia Tech Coliseum, which is immediately adjacent to the Olympic Village. The Coliseum offers the convenience of weigh-in, warm-up and locker room facilities in adjoining buildings connected by short corridors. Sixteen rings will be provided in the training facilities in the adjacent Village. Shuttle buses will link the venue to a nearby MARTA station. The Coliseum is the permanent home of the Georgia Tech University basketball team.

Tandis que les épreuves finales de boxe prendront place dans l'arène du «Georgia Dome», qui disposera de 36.000 places, tous les matchs préliminaires se dérouleront dans l'enceinte du Coliseum de «Georgia Tech» (11.000 places) au voisinage immédiat du Village Olympique. Le Coliseum offre des aménagements divers dans ses dépendances adjacentes, reliées par des couloirs intérieurs : des salles de pesée et d'échauffement, et des vestiaires. Seize rings dans le Village seront à la disposition des concurrents pour l'entraînement. Des navettes relieront en permanence le Coliseum à la station de métro toute proche. Le Coliseum est le stade de l'équipe de basket-ball du «Georgia Institute of Technology».

ATLANTA CIVIC CENTER

The stage in the 4,500-seat Civic Center Auditorium will be extended for the weightlifting competition, creating a performance platform that will move the athletes closer to the judges, leaving the full stage area in the background for preparation and approach. Offstage facilities will provide the necessary support systems. An enclosed training area and athlete's lounge will connect to the Auditorium by a secured corridor. The Atlanta Civic Center is less than 2 Km from the Olympic Family Hotel and the Olympic Village. It is served by the MARTA Civic Center station.

Pour les épreuves d'haltérophilie, la salle actuelle de l'Auditorium, disposant de 4.500 places, sera modifiée comme suit : une plate-forme sera installée de manière à rapprocher des juges la scène des épreuves, et à laisser à l'arrière l'espace nécessaire aux diverses préparations. Sur les bas-côtés, des aménagements supplémentaires pourvoieront aux exigences de ce sport. Des salles d'entraînement et des salons de repos seront également accessibles aux athlètes, et reliés à l'Auditorium en toute sécurité par un corridor privé.

L'«Atlanta Civic Center» est à moins d'un kilomètre de l'Hôtel de la Famille Olympique et du Village Olympique. Il est desservi par le métro, à la station «Civic Center».

BLACKBURN PARK

Blackburn Park, one of Atlanta's premiere tennis centers, is being expanded for the Games. Although Blackburn features 31 courts and all the necessary athletic support facilities, its center courts will be enlarged to provide 10,000 seats at one stadium and 5,000 each at two others for the Games. For the convenience of the athletes, Blackburn's courts are designated as practice sites as well. Transportation for all athletes and media personnel will be provided by the Olympic Transportation System. Blackburn Park is located within 15 km of the Olympic Village.

Le parc Blackburn, un des centres de tennis les plus importants d'Atlanta, se verra pourtant doté d'installations supplémentaires, outre ses 31 courts actuellement en service, et ses nombreux aménagements déjà en place. A l'occasion des Jeux, 10.000 places seront ajoutées aux principaux courts sous une même coupole, et 10.000 de plus réparties entre deux autres. Les courts de Blackburn, pour plus de commodité, serviront aussi pour l'entraînement des joueurs.

Joueurs et journalistes utiliseront le Réseau Olympique de Transports pour se rendre au Parc Blackburn, qui est situé à moins de 15 km du Village Olympique.

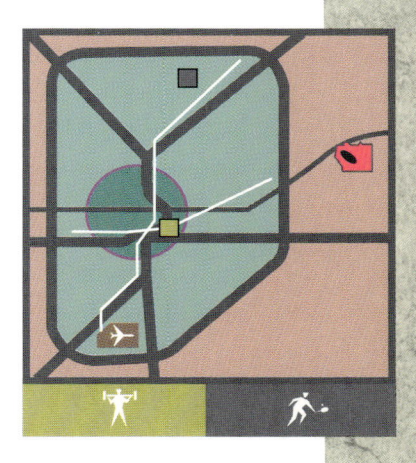

66

SHOOTING

A new Shooting Center will be built in the Olympic Park for the 1996 Games. The rifle and pistol ranges will be housed on one side of the Center in five separate buildings, while the trap and skeet range will be located on the opposite side of the Center. The spectator stands will provide 3,500 seats, and there will be an additional 5,000 spectator positions on the Center's grounds.

Un nouveau Centre de Tir sera édifié dans le Parc Olympique, pour les Jeux de 1996. Les couloirs de tir à la carabine et au pistolet seront aménagés dans cinq différentes constructions, tandis que les épreuves de ball-trap prendront place sur le côté opposé du Centre. 3.500 sièges seront à la disposition des spectateurs, ainsi que 5.000 places debout.

ROWING

The rowing competition will be contested on the 2,000 m course on Stone Mountain Lake. Five boat houses, among other facilities, are being built for the Games. Grandstands at the finish line provide seating for 5,000, while the banks of the lake provide standing room for more than 50,000 spectators.

Les épreuves d'aviron se dérouleront sur 2.000 m de distance, au lac de Stone Mountain. Parmi d'autres aménagements, il est prévu cinq embarcadères. Les tribunes devant la ligne d'arrivée comportent 5.000 places, et le long des rives du lac, 50.000 spectateurs pourront prendre place debout.

The Olympic Park will be served by MARTA's high-speed rail line and the Olympic Transportation System during the Games. It is located 27 km from the Olympic Family Hotel and the Olympic Village, a distance easily covered in 30 minutes.

Pendant la durée des Jeux le Parc Olympique sera desservi par le Métro et par le Réseau Olympique de Transports en moins de trente minutes, puisqu'il se trouve à 27 km seulement du Village Olympique comme de l'Hôtel de la Famille Olympique.

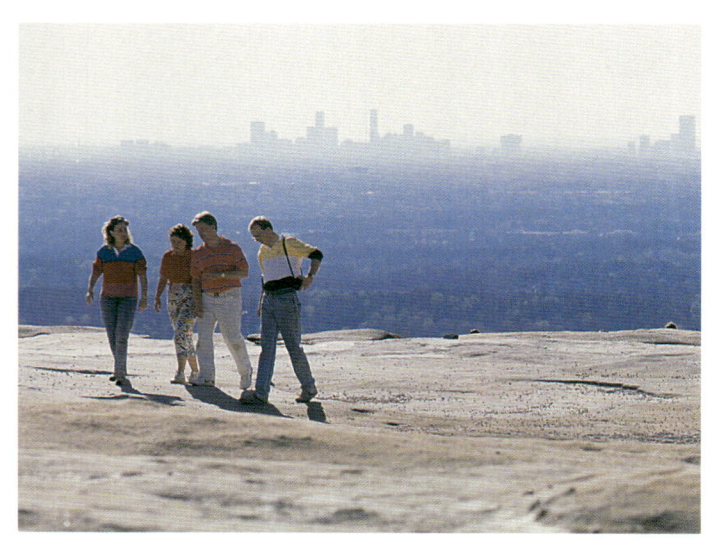

ARCHERY

The archery competition will take place at the new Archery Center in the Olympic Park, which will feature two new 90 m ranges and an adjacent practice range. The Archery Center will provide 5,000 seats in a single grandstand which will offer a panoramic view of all men's and women's events.

Un nouveau Centre de Tir sera édifié dans le Parc Olympique, pour les Jeux de 1996. Les couloirs de tir à la carabine et au pistolet seront aménagés dans cinq différentes constructions, tandis que les épreuves de ball-trap prendront place sur le côté opposé du Centre. Les tribunes offriront 3.500 places à la disposition des spectateurs, et 5.000 places debout seront disponibles dans le Centre.

EQUESTRIAN EVENTS

All of the equestrian events with the exception of the show-jumping finals will be held in the new Equestrian Center and along appropriate cross-country endurance courses throughout the Olympic Park. The Equestrian Center will feature two stadiums, a 20,000-seat facility for dressage and a 10,000-seat facility for jumping. The longer riding courses will provide standing room for more than 50,000 spectators. In keeping with tradition, the show-jumping event will be held in the Olympic Stadium on the final day of the Games.

Toutes les épreuves d'équitation, à l'exception des finales de saut d'obstacles se dérouleront dans le nouveau Centre Equestre, et le long des pistes appropriées au sein du Parc Olympique. Le Centre Equestre comprendra 2 stades, l'un de 20.000 places, et l'autre de 10.000 pour le saut d'obstacles. Le long des pistes, 50.000 spectateurs pourront prendre place. Selon la tradition, l'épreuve de sauts de démonstration se tiendra dans le Stade Olympique, le jour de la clôture des Jeux.

CANOEING

The flat water canoeing competition will be held on the rowing course on Stone Mountain Lake. The site provides an ideal setting for the 1,000 and 500 m races, with 5,000 seats in the grandstands near the finish line and more than 50,000 standing positions along the banks of the lake. The wildwater competition, if the IOC decides to include it, will be held on the Ocoee River, which is approximately 200 km north of Atlanta on the Georgia/Tennessee border.

Les épreuves de canoë-kayak en eaux calmes se dérouleront sur le plan d'eau de Stone Mountain. L'emplacement procure un site de choix pour les courses de 500 et de 1.000 mètres, avec 5.000 places dans les tribunes près de la ligne d'arrivée, et plus de 50.000 places debout, le long des rives du lac. Les épreuves en eaux vives, si le Comité Olympique International décide de les inclure dans la compétition, pourront avoir lieu sur la rivière Ocoee, à 200 km environ au nord d'Atlanta, à la limite de la Géorgie et du Tennessee.

MODERN PENTATHLON

Three of the five disciplines within the Modern Pentathlon—riding, shooting and running—will take place in the appropriate facilities within the Olympic Park. The fencing and swimming competitions will be held at the Olympic venues for those sports—the Fencing Hall and the Olympic Natatorium.

Trois des cinq disciplines du Pentathlon Moderne prendront place dans le Parc Olympique, aux endroits appropriés. (tir olympique, parcours équestre et course à pied.) Les épreuves d'escrime et de natation se dérouleront sur les sites olympiques prévus à cet effet, la Salle d'Escrime et le Natatorium Olympique.

OLYMPIC PARK

The transition between the highly compact, architecturally urban setting of the Olympic Ring and the quiet serenity of the Olympic Park will provide a startling contrast in the competitive atmosphere of the Atlanta Games. We believe this contrast will add character and charm to the Olympic celebration while providing, in effect, a reflection of the contrasts in the nature of certain sports and the personalities of the athletes who pursue them. Set against the dramatic backdrop of the largest granite formation in the world, the Olympic Park at Stone Mountain provides an idyllic setting for seven separate sports just 27 km from the Olympic Village. Already a favored site for amateur athletics in Georgia, the Park's 3,200 acres and 383-acre lake are being transformed into the second major venue cluster for the 1996 Games.

La transition entre le Cercle Olympique, ramassé au sein d'une architecture urbaine, au milieu de l'animation de la ville, et la sérénité du Parc Olympique avec ses étendues verdoyantes provoquera un saisissant contraste dans l'atmosphère des compétitions pendant les Jeux d'Atlanta. Nous pensons que ce contraste ajoutera un caractère intéressant et un certain charme aux activités Olympiques, accordés à la nature des sports qui y prendront place, et à la personnalité de ceux qui les pratiquent. A 27 km seulement du Village Olympique, avec pour toile de fond le spectaculaire bloc granitique en forme de dôme, unique au monde, qui le surplombe, le Parc Olympique est un site idyllique où sept sports différents prendront place.

67

VELODROME

The new open-air Olympic Velodrome will feature 10,000 seats around a 333 m circumference track. Angled from 5 to 20 degrees in accordance with Federation Internationale Amateur de Cyclisme specifications, the velodrome will be equipped with full athletic support facilities. The infield will serve as a warm-up loop. The seats will be covered by a fabric canopy and most spectators will enjoy a dramatic view of Stone Mountain from this open-air stadium. The appropriate road racing courses are conveniently planned on the network of roads at the Olympic Park near the velodrome.

Le nouveau vélodrome de plein air pourra asseoir 10.000 spectateurs autour d'une piste de 333 m de circonférence et de 5 à 20 degrés d'inclinaison, selon le règlement de la Fédération Internationale du Cyclisme d'Amateurs. Le Vélodrome Olympique sera également équipé de tous les aménagements nécessaires aux concurrents. Au centre de la piste figurera un anneau d'entraînement. Les sièges seront sous un abri de toile, et la plus grande partie des spectateurs pourront jouir d'une vue magnifique sur Stone Mountain. Des pistes de courses commodes et appropriées sont prévues sur l'ensemble des routes du Parc Olympique avoisinant le vélodrome.

SAVANNAH

Located on the coast of Georgia, the city of Savannah is building a major Olympic Yachting Marina for the Games. The Marina will be built on the Wilmington River and will provide all vessels with a convenient waterway to the five sailing courses in the Atlantic Ocean. The Olympic Village & Media Centre will be located 5 km up river at the Sheraton Savannah Resort, which has a major dock facility of its own. The Village will provide accommodations for approximately 1,500 in a combination of 488 hotel rooms and condominiums. The Resort offers a full range of recreational amenities, including a golf course, tennis courts, a swimming pool and a completely equipped health-club with 20 Nautilus stations. The city of Savannah, which was settled in 1733, is recognized as one of America's greatest historic districts. The center of Savannah is a fascinating restored colonial town with more than 1,000 homes and buildings on the National Historic Registry. Its waterfront is one of the most vibrant dining, shopping and entertainment districts along the southeastern seacoast. Savannah is 390 km from Atlanta but less than one hour by convenient commuter flight.

Savannah est la ville portuaire de la Géorgie. C'est là qu'est prévue la construction d'un port olympique pour les épreuves de yachting, et d'une marina adjacente. La marina, sur les bords de la rivière Wilmington, abritera tous les bateaux, et leur procurera un accès direct aux cinq plans d'eau de l'Atlantique où les courses se dérouleront. Le Village Olympique et le Centre Médiatique, à cinq kilomètres de là, seront aménagés au sein de la résidence du Savannah Sheraton, qui dispose également d'installations portuaires importantes. Le Village accueillera environ 1.500 personnes, tant en appartements qu'en chambres d'hôtel. Par elle-même la résidence offre un grand nombre de divertissements, dont un parcours de golf, des courts de tennis, une piscine et un gymnase parfaitement équipé, muni de 20 machines «Nautilus».

La ville de Savannah, fondée en 1733, est un des sites historiques les plus célèbres aux Etats-Unis. Le centre de la ville est une reconstitution fascinante de l'époque coloniale, dont plus de mille demeures sont classées «monument historique», et son front de mer est un des quartiers les plus animés de la côte atlantique sud, avec ses nombreux restaurants, ses boutiques variées, et ses activités culturelles diverses. Savannah est à 390 km d'Atlanta, soit à moins d'une heure de vol.

The Olympic Village

Creating a magnificent Olympic legacy

Although the Games in Atlanta will end with the Closing Ceremonies on 4 August 1996, they will leave an enduring legacy in the magnificent edifice of the Olympic Towers, a structure that will serve as the gateway to the Olympic Village and the permanent home of America's first major Olympic Museum. Beneath the dramatic span of the huge Olympic Rings suspended between the Towers, the Museum will serve as a dynamic destination for tourists and a center for academic scholarship as well, combining an Olympic Library with extensive exhibitions in photography, film, video and memorabilia. Like the Olympic Towers that enclose it, the Museum will stand as a constant reminder of how Atlanta's Olympic Village provided a new standard of convenience and amenities for the 15,500 athletes and officials who enjoyed its facilities.

Le Village Olympique :
les origines d'un legs magnifique.

Les Jeux d'Atlanta devraient se terminer le 4 août 1996, mais en laissant un durable témoignage de leur passage grâce à un édifice remarquable : les Tours olympiques, une construction qui servira de porte d'entrée au Village Olympique et qui abritera désormais le premier grand Musée olympique des Etats-Unis. Sous la bannière spectaculaire des Anneaux olympiques géants reliant les deux Tours, le Musée servira autant de centre touristique que de pavillon des archives, en réunissant une Bibliothèque olympique de documentation à de larges galeries où des photographies, des films, des cassettes vidéo et diverses expositions rétrospectives prendront place. Comme les Tours olympiques qui l'abritent, le Musée restera un témoignage permanent du caractère exceptionnel qu'Atlanta aura su donner au Village Olympique, et aux dispositions prises pour l'accueil des 15.500 concurrents et personnalités officielles qui en auront bénéficié.

THE VILLAGE

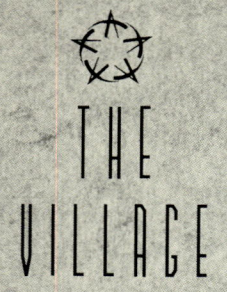

Through the magnificent gateway of the Towers, the Olympic Village extends over the campus of the Georgia Institute of Technology, encompassing more than 200 acres in a completely secured, self-contained environment. The central location of the Village makes access to all venues and events extremely convenient. Situated on the north side of the Olympic Ring, the Village is only 2 km from the Olympic Centre.

La superbe perspective des Tours s'ouvre sur le campus de l'Institut de Technologie de Géorgie, où s'étend le Village Olympique, dans un parc complètement clos de plus de 80 hectares, dont la sécurité est assurée très facilement. L'emplacement du Village, au centre de la ville, rend aisé l'accès à tous les terrains et à tous les lieux de rencontres sportives. Situé sur le côté nord du Cercle Olympique, le Village n'est distant du Centre Olympique que de 2 km.

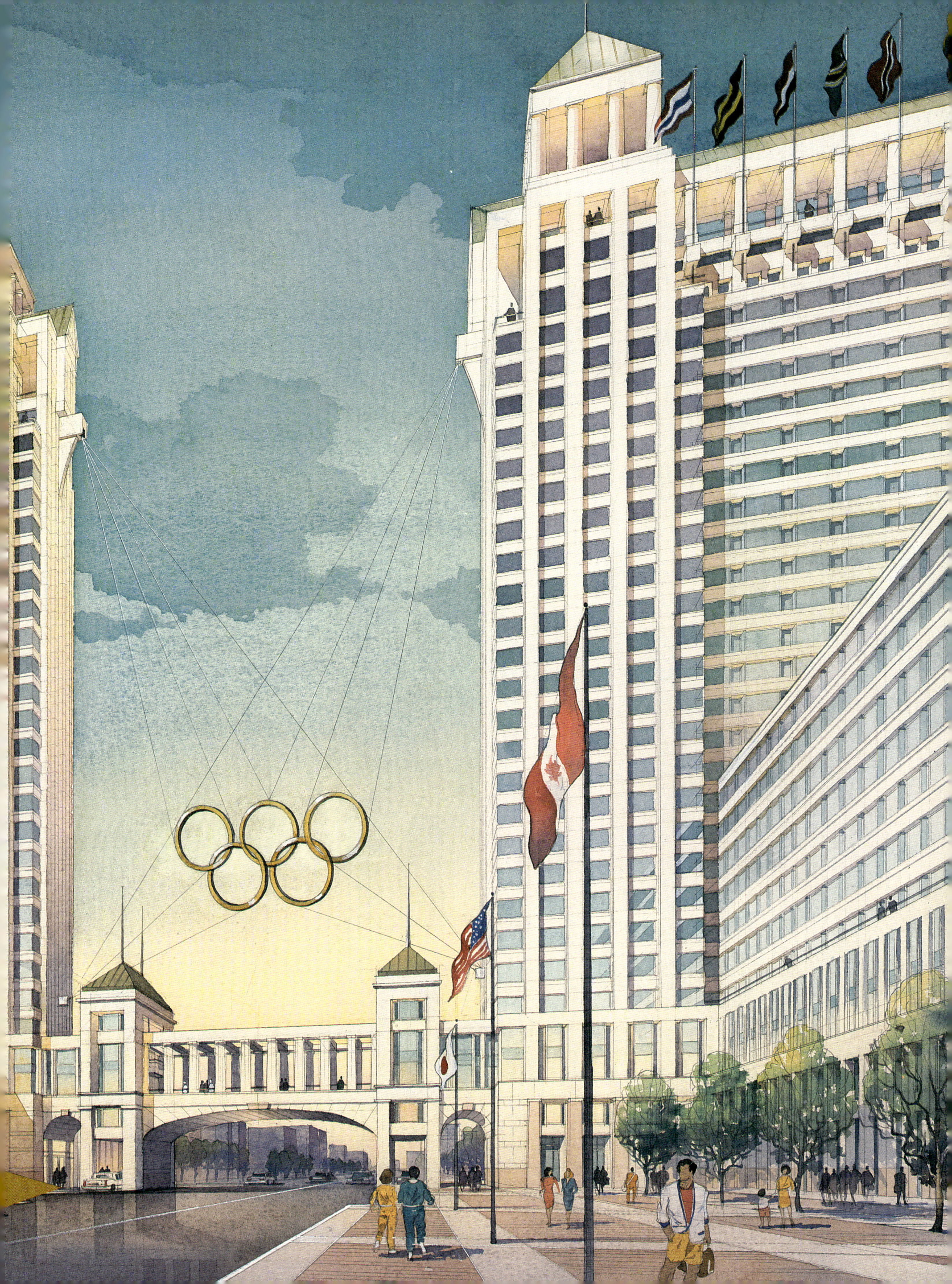

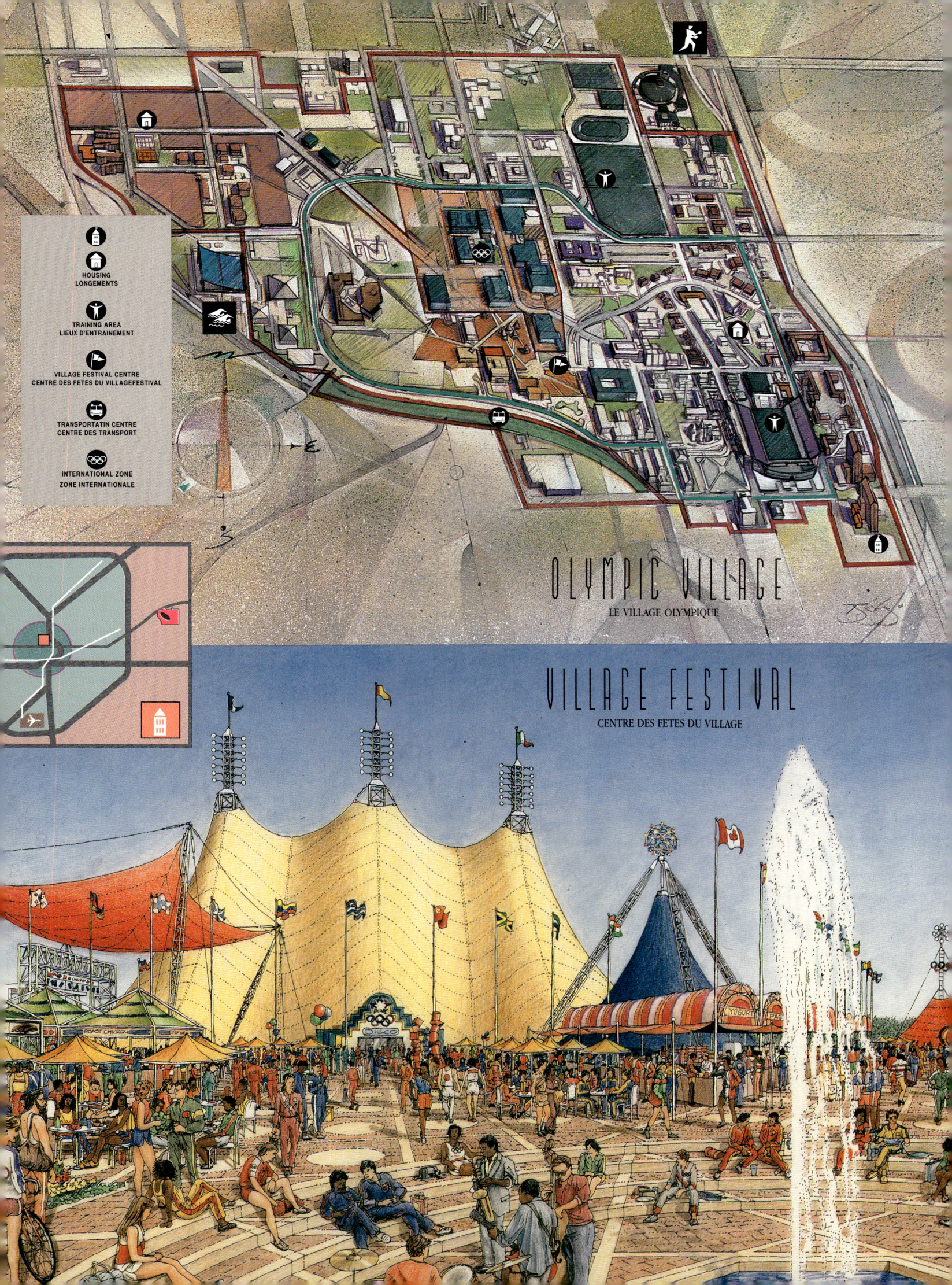

- HOUSING
  LONGEMENTS
- TRAINING AREA
  LIEUX D'ENTRAINEMENT
- VILLAGE FESTIVAL CENTRE
  CENTRE DES FETES DU VILLAGEFESTIVAL
- TRANSPORTATIN CENTRE
  CENTRE DES TRANSPORT
- INTERNATIONAL ZONE
  ZONE INTERNATIONALE

OLYMPIC VILLAGE
LE VILLAGE OLYMPIQUE

VILLAGE FESTIVAL
CENTRE DES FETES DU VILLAGE

Encouraging the friendships the Olympics are meant to inspire.

Designed as a complete recreation, relaxation and entertainment complex, the Village Festival Center will provide all Village residents with an exciting focal point for social interaction. Located just inside the Main Village Gate, the Festival Center will create an inviting atmosphere of multi-colored fabric enclosures surrounding a splendid open-air plaza and serve as the international center where the athletes can meet with friends and guests admitted on temporary passes.

Fanning out from a central fountain, the Festival Center will offer a continual program of diversions and entertainment. From the quiet solitude of its coffee house to the exciting beat of its discos, the Center has been carefully planned to encourage the friendships the Olympics are meant to inspire. Among its multitude of attractions, the athletes will find places to meet and mix that include sidewalk cafes, video arcades, bowling alleys, billiard rooms, a six-screen movie theatre, a library and a 1,839 m² shopping mall.

Thanks to its strategic position just inside the Main Village Gate, the athletes will pass through the festive atmosphere of the Center every time they leave and return to the Village. For further relaxation, a nightly program of concerts by major performing acts will be staged in Grant Field for the exclusive enjoyment of Village residents and their guests.

Favoriser les liens d'amitié préconisés par le Mouvement olympique.

Conçu comme un ensemble d'amusement et de délassement, l'Esplanade des Fêtes du Village Olympique procurera à tous ses résidents un lieu de récréation, où des échanges de vues et des liens amicaux pourront s'établir.

Situé à l'intérieur du Village, à l'entrée même de la porte principale, l'Esplanade des Fêtes, avec son décor coloré et sa splendide esplanade sera une sorte de centre international où les résidents pourront se rencontrer et accueillir leurs invités, sur présentation d'un permis temporaire.

Autour d'une fontaine centrale, l'Esplanade des Fêtes déploiera ses nombreuses salles de distractions et de détente. Elle a été organisée, du calme propice de ses cafés à la joyeuse animation de ses discos, de manière à favoriser l'esprit d'amitié et de compréhension mutuelle propres à l'Esprit olympique.

Ses multiples divertissements comprennent des cafés avec terrasses, des salles de vidéo, des pistes de jeu de quilles géantes, des salles de billard, six salles de cinéma, une bibliothèque et près de 2.000 m² de boutiques, tous lieux de rencontres et d'échanges au gré de chacun.

Son emplacement, aux portes du Village Olympique, permettra d'en apprécier la joyeuse atmosphère à chaque allée et venue. Un programme de concerts quotidiens en soirée, donnés par des ensembles de choix sur la scène du «Grant Field» ajoutera au plaisir et au délassement des résidents et de leurs invités.

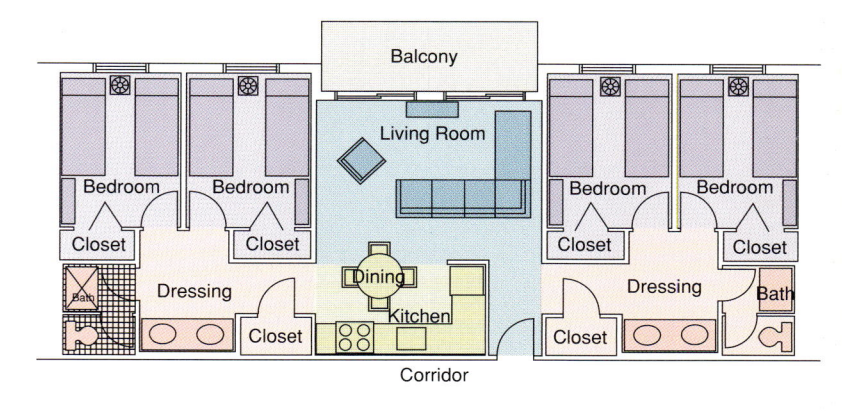

All the comforts of home

The Olympic Village is designed to provide 15,500 athletes and officials with all the comforts of home plus an array of amenities that will make the Olympic experience highly enjoyable and memorable. Within the secured confines of the Village, guests will find all the provisions necessary for living, dining, medical attention, training, socializing and relaxing. Their housing needs will be provided at no cost in a series of high-rise and low-rise apartment buildings, anchored by the splendid accommodations of the Olympic Towers, which feature an average of 13m² for each athlete. Five cafeterias, a 30-bed medical clinic, more than 4,600 m² of office space for sports administration and a continuously running tram will provide other needed services. But Atlanta's Olympic Village will be distinguished by the quality and variety of its training and entertainment facilities, details of which are clearly presented in Volume IV.

Le confort d'un vrai «chez soi».

Le Village Olympique est conçu pour procurer à ses 15.500 athlètes et personnalités officielles, outre tout le confort d'un véritable «chez soi», un déploiement de services divers destinés à rendre leur séjour aussi agréable que mémorable. A l'intérieur du Village les invités pourront, en toute sécurité, trouver le nécessaire en matière de repas, de soins médicaux, de terrains d'entraînement, de détente, d'échanges amicaux, en bref tout ce qui convient au genre de vie qui sera le leur pendant la durée des Jeux. Ils seront logés gratuitement en appartement, dans des immeubles de dimensions variées, selon leurs préférences, et jouiront des splendides aménagements des Tours olympiques qui offriront une surface de 13 m² environ à chaque concurrent.

Cinq cafétérias, une clinique de trente lits, plus de 4.600 m² de bureaux réservés aux services administratifs et une ligne de transport permanente sont parmi les principales accommodations offertes.

Le Village Olympique, c'est plus encore que tout cela, et sur la qualité et la variété de ses aménagements, tant pour le sport que pour le divertissement, nous reviendrons plus amplement dans le Volume IV.

CULTURAL PROGRAM

The Dance of Life.

A four-year celebration of the European discovery of the New World and the international roots of the unique Southern culture it spawned.

Atlanta's proposed Cultural Programme will focus on the impact of the European discovery of the New World on the unique culture of the American South today. It will feature month-long thematic festivals in each of the four years between the close of the Barcelona Games and the opening of the Summer Games in 1996. Each of these annual celebrations will emphasize the international roots of contemporary Southern culture through all of the major artistic disciplines: theatre, music, dance, opera and the visual arts. The programme will involve a number of cultural centers throughout the South and strive to draw as many international arts organizations and creative groups into the celebration as possible. It will also feature an annual Olympic Day in the schools as part of an effort that will culminate in a Youth Camp during the 1996 Games.

Unified by the theme *The Dance of Life,* the programme will officially begin on the 500th anniversary of Columbus' historic voyage in October 1992. On that day, a tall ship—manned by an international crew representing the nations who participated in the Games of the XXVth Olympiad—will set sail from the harbor in Barcelona under the colors of the Olympic flag. After tracing Columbus' route, that ship will join a fleet of tall ships for its arrival at the port of Savannah on the coast of Georgia. From there, the Olympic flag will be transported to Atlanta, where it will be raised at the state capitol as a symbol of the continuity of the Modern Games and the beginning of Atlanta's four-year celebration of *The Dance of Life.*

La danse de la vie

Une célébration sur quatre ans de la découverte du Nouveau Monde, et des racines universelles de la culture originale du Sud des Etats-Unis.

Atlanta propose un programme culturel dont le thème sera l'influence de la découverte du Nouveau Monde sur la culture originale qui est propre à sa région.

Chaque année, un mois durant, depuis la clôture des Jeux de Barcelone jusqu'à l'ouverture des Jeux de 1996, se déroulera un Festival développant les multiples aspects de cette culture. Chacune de ces célébrations annuelles mettra l'accent sur les racines universelles de la culture du Sud contemporaine, principalement au moyen des disciplines artistiques suivantes: théâtre, musique, danse, arts visuels.

Le programme comprendra un grand nombre de centres culturels ouverts à travers les Etats du Sud, et susceptibles d'attirer autant de manifestations et d'expositions internationales que d'innovations artistiques.

Un «Jour Olympique» annuel figurera à l'emploi du temps des écoles, afin de les faire participer à l'élan général, et cette participation sera couronnée par un Camp de la Jeunesse et des Sports qui se tiendra pendant la durée des Jeux.

Le thème général en sera *La Danse de la Vie*. Le programme sera inauguré officiellement lors du cinq centième anniversaire du voyage historique de Christophe Colomb en 1492. Ce jour là, un navire de haut bord, manoeuvré par un équipage international comprenant toutes les nations participant aux Jeux de la XXVe Olympiade voguera, à partir du port de Barcelone, sous les couleurs olympiques. Après avoir suivi l'itinéraire de Christophe Colomb, il sera rejoint par des navires d'escorte jusqu'à l'accostage dans le port de Savannah, en Géorgie. De là le drapeau olympique sera acheminé vers Atlanta où il sera hissé au sommet du Capitole, telle une manifestation symbolique de la continuité des Jeux modernes, et du début des célébrations annuelles de la *Danse de la Vie*.

Atlanta's cultural programme will begin with a voyage from the Barcelona harbor, where a statue of Columbus stands as an enduring reminder of the historic discovery that linked the world forever.

Le programme culturel d'Atlanta commencera par un voyage en bateau du port de Barcelone. Dans cette ville se dresse la statue de Christophe Colomb, souvenir endurant de la découverte historique qui a joint le monde à jamais.

SPORTS ADMINISTRATION FACILITIES

A strength of Atlanta's candidacy.

Recognizing the complex tasks involved in the administration of the Olympic Games—and the frequent need for conference facilities large enough to accommodate annual federation congresses, the organizing committee has sought to provide the optimum combination of offices and administration facilities for the IOC, IFs and NOCs. While the final allocation of spaces will be determined by the wishes of each individual organization, Atlanta is prepared to provide the following administration and conference facilities, all equipped with the appropriate computer, communications and video hardware.

At the Olympic Family Hotel: A suite will be reserved for the president of each organization to host the small meetings and receptions commonly held during the Games. For those IFs whose sports will be staged in the Olympic Park, a suite will also be made available in the Park's Evergreen Conference Center.

At the venues: The appropriate offices for the presidents and secretaries general of the respective IFs and the IOC will be provided, plus rooms of the required size with the necessary equipment for jury, council and technical delegate meetings and the review of protests and appeals.

At the Olympic Village: More than 4,600 m^2 of office space will be dedicated to the needs of the NOCs. Major office and conference facilities will be made available to the IOC and each and every IF as required. Most of these facilities will be located in the Olympic Family Hotel or the Evergreen Conference Center in the Olympic Park, depending upon the wishes of each organization. Each facility will be equipped with the requisite number of seats—from 200 to 1,200—and will provide the necessary translation services.

In addition, there are more than 70 large conference facilities in the World Congress Center at the Olympic Centre. If necessary—or preferred—these will be assigned to each organization.

Un point fort de la candidature d'Atlanta.

Conscient de la complexité des tâches des services administratifs, le Comité d'Organisation d'Atlanta s'est efforcé d'en régler les détails avec le plus grand soin, pour la commodité du Comité International Olympique, des Fédérations Internationales et des Comités Nationaux Olympiques afin de leur procurer, outre des salles de conférences suffisament spacieuses pour leurs congrès annuels, un ensemble de bureaux et de services nécessaires à leurs travaux. Les espaces qui leur seront alloués définitivement le seront en fonction des desiderata exprimés par chaque organisation; mais la ville est déjà en mesure de proposer le plan d'équipement indispensable à l'administration des Jeux, et aux salles de réunions, toutes munies d'ordinateurs, et de matériel de télécommunications et de video appropriés.

Hôtel de la Famille Olympique : Les présidents de chaque organisation se verront attribuer des salons de réceptions où des conférences restreintes pourront avoir lieu, selon l'usage, pendant les Jeux. Pour les Fédérations Internationales des sports qui se dérouleront dans le Parc Olympique, des aménagements similaires leur seront procurés au Centre de Conférence Evergreen du Parc.

Lieux des rencontres sportives : Ils seront munis de bureaux appropriés, à l'usage des Présidents et des Secrétaires Généraux des Fédérations Internationales et du Comité Olympique International. Ils disposeront également des équipements nécessaires aux jurys, aux réunions de travail et à l'examen des contestations et des révisions.

Le Village Olympique : Plus de 4.600 m^2 de bureaux seront consacrés aux besoins des Comités Olympiques Nationaux. Le Plan olympique prévoit, comme il convient, un grand bureau et des salles de conférence pour le Comité Olympique International, et pour chaque Fédération. La plupart seront situés dans l'Hôtel de la Famille Olympique ou dans le Centre de Conférences Evergreen du Parc Olympique, selon les voeux de chaque organisation. Toutes les salles seront munies du nombre de sièges réglementaires, de 200 à 1.200 suivant les cas, et des services de traduction nécessaires.

Plus de 70 vastes salles de conférences sont également disponibles au «World Congress Center» dans le Centre Olympique. Elles peuvent être attribuées selon les besoins ou les préférences.

EXECUTIVE CONFERENCE CENTER

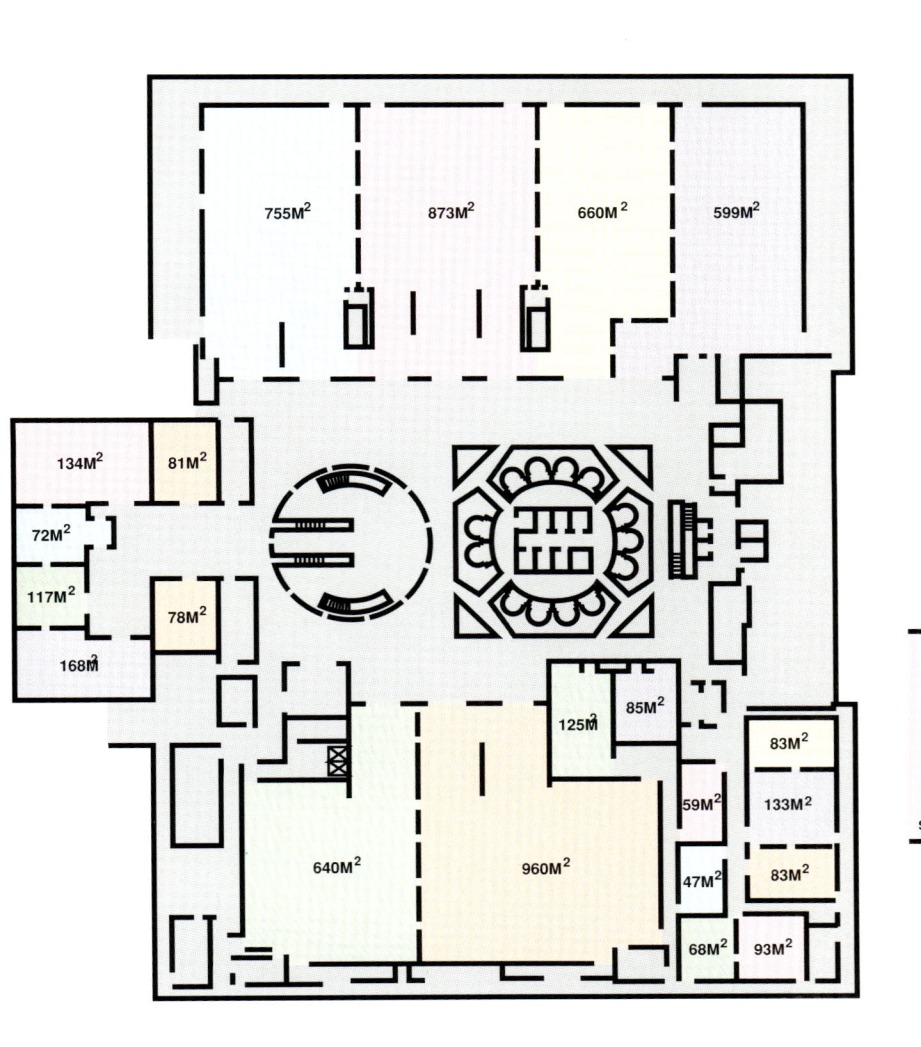

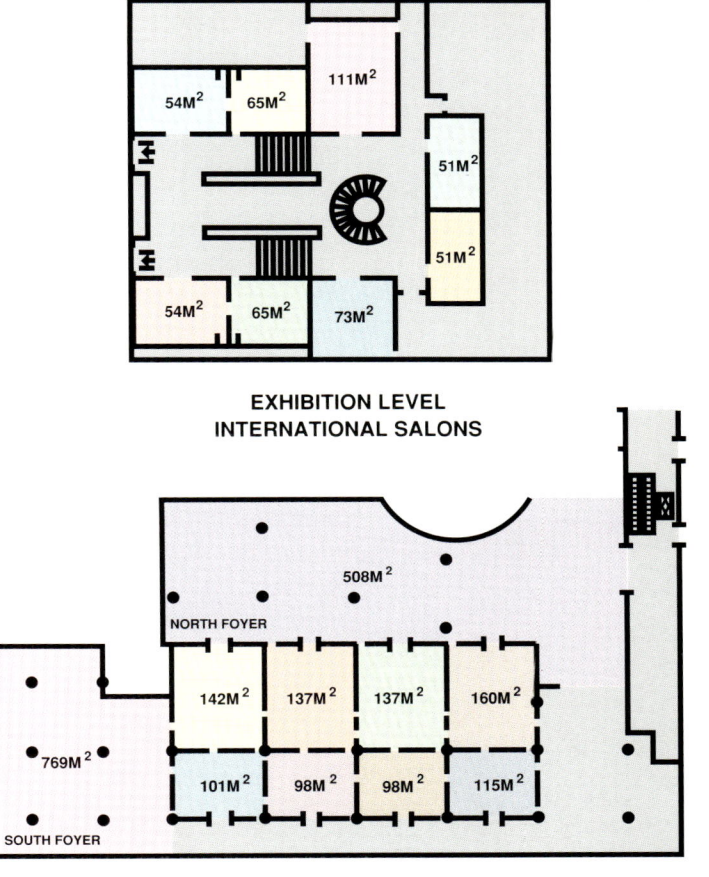

**EXHIBITION LEVEL
INTERNATIONAL SALONS**

**SKYLINE LEVEL
(10 TH FLOOR)**

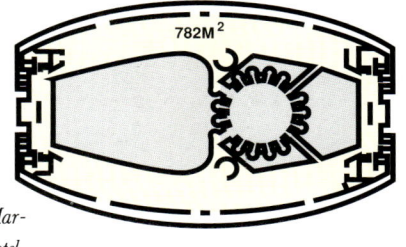

The world-class facilities of the Marriott Marquis, Atlanta's designated Olympic Family Hotel, provide a highly convenient and ideally equipped setting for the numerous conferences and congresses conducted by the Olympic Family during the Games. The marquis offers a selection of 43 separate meeting rooms in 11,340 m² of flexible conference space. The International Exhibition Hall contains 3,640 m² of open space, and the Marquis Ballroom will accommodate receptions for 4,800 and banquets for 2,500 in its 2,680 m².

Les infrastructures de classe mondiale dont bénéficie le Marriott Marquis, l'hôtel d'Atlanta choisi pour accueillir la Famille olympique, sont parfaitement équipées pour recevoir les réunions et les congrès que celle-ci organisera pendant les Jeux. Cet hôtel dispose de 43 salles de conférences couvrant 11.340 m² d'espace polyvalent. Le Hall International d'Exposition a une superficie de 3.640 m² et le Marquis Ballroom pourra recevoir 4.800 personnes et organiser des banquets pour 2.500 dans ses 2.680 m².

76

MEDIA

79
THE MEDIA CENTER
LE CENTRE MEDIATIQUE

80
MEDIA HOUSING
HEBERGEMENT DES JOURNALISTES

81
MEDICAL CARE
LE PLAN MEDICAL

82
SECURITY
LA SECURITE

82
DISCOVER THE SOUTH
A LA DECOUVERTE DU SUD

86
CLOSING MESSAGE
MESSAGE DE CLOTURE

Bringing the world together.

Atlanta is one of the foremost international communications centers in the United States. Its advanced technological infrastructure offers the Olympic Family all the advantages of an established worldwide media network. As the home of five major cable television networks, including CNN and major affiliates of ABC, CBS and NBC, Atlanta has all the facilities necessary to send and receive state-of-the-art satellite transmissions around the globe 24 hours a day, seven days a week. Be assured that Atlanta's international broadcasting experience will help generate maximum worldwide exposure for the XXVIth Olympiad.

Le Centre Médiatique : le monde en direct.

Atlanta est un centre de télécommunications internationales d'avant-garde aux Etats-Unis. Son infrastructure et ses technologies de pointe offrent à la famille olympique tous les avantages d'un réseau de transmissions de réputation mondiale solidement établi. Avec cinq chaînes de télévision par câble, y compris C.N.N., qui y a son siège, et les principales chaînes d'A.B.C., de C.B.S. et de N.B.C., Atlanta dispose des moyens les plus performants qui existent actuellement pour émettre partout dans le monde des informations par satellites, 24 heures sur 24, sept jours sur sept, comme pour en recevoir. Il est certain que l'expérience d'Atlanta dans ce domaine garantit à la XXVIe Olympiade une audience universelle.

The Media Centre at The Olympic Centre.

The journalists who cover the XXVIth Olympiad in Atlanta will find an unprecedented level of convenience in the design and technology of the facilities at their disposal. The International Broadcasting Centre (IBC) and Main Press Centre (MPC) will be housed under a single roof in adjacent sections of the 37,670 m^2 Media Centre. This same facility — part of the World Congress Center — proved highly successful in serving the needs of 15,000 members of the international press as they covered America's Democratic Presidential Nominating Convention in the summer of 1988.

Direct video and data communication between the IBC, MPC and all venues will enhance coverage. Each journalist will have terminal access to a master database providing biographical and competitive histories on all athletes. All requisite broadcast, recording, conference, translation, photocopying, developing, facsimile, electronic mail and telephone equipment will also be provided.

Le Centre Médiatique au Centre Olympique.

Les journalistes qui couvriront la XXVIe Olympiade à Atlanta y trouveront un niveau inégalable de commodité et de technologie dans la conception des moyens mis à leur disposition. Le Centre de Radio-Télévision (I.B.C.) et le Centre des Agences de Presse (M.P.C.) seront réunis sous un seul toit, dans les sections adjacentes du Centre Médiatique (37.670 m^2), qui fait partie lui-même du «World Congress Center». Cet agencement s'est révélé hautement efficace pour les 15.000 membres de la presse qui ont couvert le Congrès du Parti Démocrate à Atlanta pendant l'été 1988.

Les reportages seront par ailleurs facilités grâce aux transmissions video en direct et aux affichages électroniques entre ces Centres et les terrains de compétition. Chaque journaliste disposera d'un terminal relié à une banque de données concernant la biographie et le palmarès de chacun des concurrents. Tout le nécessaire leur sera procuré : télévision magnétophones, salles de réunions, services de traduction, photocopieuses, matériel de développement, facsimilés, équipements électronique et téléphonique.

Given its location at the heart of the Olympic Centre, the Media Centre provides a high degree of convenience for journalists covering the Games. The press will be transported to and from the Centre by the Olympic Transportation System.

En raison de sa situation au coeur du Centre Olympique, le Centre Médiatique procurera aux journalistes couvrant les Jeux les plus grandes facilités pour tous les types de reportage. Le Réseau Olympique de Transports assurera leurs déplacements.

Media Housing

To ensure a wide variety of choices in accommodations for the 15,000 executives, journalists and technicians expected at the Games, Atlanta has developed a media housing plan that combines a group of central city hotels with college campus apartments located at Emory University. The locations involved provide the necessary economic options. Media executives can choose to stay in suites of the finest quality, while those traveling on a budget will find the campus apartments both comfortable and affordable. All media housing locations will be served by the Olympic Transportation System and provide excellent access to all venues and the Media Centre.

Hébergement des journalistes.

Pour assurer un choix aussi large que possible aux 15.000 journalistes, rédacteurs et techniciens attendus, le plan d'hébergement olympique d'Atlanta a prévu un regroupement d'hôtels, au centre de la ville, et d'appartements, dans la cité universitaire d'Emory. Ces logements offrent les options économiques nécessaires. Des appartements de grand luxe et des logements confortables en cité universitaire sont prévus pour convenir à tous les budgets. Tous seront desservis par le Réseau Olympique de Transports, qui établira entre eux, les lieux de compétition et le Centre Médiatique, les liaisons les plus pratiques et les plus rapides.

Woodruff Hall, on the campus of Emory University, is an example of the type of apartment facilities available to journalists seeking comfortable, yet inexpensive housing.

Woodruff Hall, sur le campus de l'Université Emory, est un exemple des appartements confortables accessibles aux journalistes désireux de se loger à moindres frais.

Medical Care

Atlanta's Medical Plan is designed to conform with the full requirements of the IOC's rules, providing at no cost all the therapeutic, medical treatment and drug testing facilities and services required. A group of six major Atlanta hospitals with 3,500 beds have formed the Olympic Medical Support Network to ensure that the Olympic Family, media personnel and other VIPs are properly cared for during the Games.

For the convenience of the athletes, a major medical clinic is located within the Olympic Village. In addition, each venue and practice area will have the appropriate complement of medical facilities and emergency services. The Doping and Gender Verification Lab will be established in accordance with IOC Medical Commission guidelines.

Le Plan Médical

Le plan médical d'Atlanta est conçu pour s'adapter à toutes les exigences des règlements du Comité Olympique International, et pour procurer gratuitement tous les traitements médicaux comme tous les examens anti-dopages requis. Six grands hôpitaux d'Atlanta, avec un total de 3.500 lits, se sont regroupés pour former le Réseau Olympique de Support Médical, destiné à garantir à toute la famille olympique, aux journalistes comme à toutes les personnalités officielles, les soins dont ils pourraient avoir besoin.

D'autre part, une clinique parfaitement équipée est mise en service dans le Village Olympique lui-même, pour la commodité des concurrents. Chaque lieu de compétition et chaque terrain d'entraînement sera de surcroît doté du matériel médical approprié, et d'un service des urgences. Le laboratoire d'analyses et de contrôle anti-dopage fonctionnera en accord avec les indications de la Commission Médicale du Comité Olympique International.

Security

Atlanta's security strategy is based on studies of the security methods employed at the Los Angeles and Seoul Games as well as a review of Barcelona's preparations. It is also informed by Atlanta's vast experience in securing major events such as the Democratic National Convention.

Comprehensive in design, Atlanta's plan involves more than 28 regional and local law enforcement agencies and the United States Department of Defense. All venues and practice areas, media centers, housing sites, medical, transportation and communications systems will be thoroughly secured.

La Sécurité.

En matière de sécurité, la stratégie d'Atlanta est fondée sur les méthodes employées aux Jeux de Los Angeles et de Séoul, aussi bien que sur une approche des préparatifs de Barcelone. Elle est étayée par une grande expérience des événements internationaux d'importance, comme le Congrès du Parti Démocrate de 1988.

En vertu des études approfondies effectuées à ce sujet, le plan de sécurité d'Atlanta comprend plus de 28 brigades de police, locales et régionales, ainsi que les services du Ministère de la Défense des Etats-Unis.

Une surveillance étroite de tous les lieux de compétition et d'entraînement, des centres médiatiques et des sites d'hébergement comme des services médicaux, des systèmes de transport et des réseaux de télécommunications garantira la sécurité de chacun et la tranquillité de tous.

Located at strategic sites close to the venues, six major Atlanta hospitals have formed the Olympic Medical Support Network to ensure that the medical needs of those participating in the Games are resolved quickly and conveniently.

Six grands hôpitaux d'Atlanta se sont regroupés pour former le Réseau Olympique de Support Médical. Situés aux endroits stratégiques de la ville, non loin des lieux de compétition, ils garantissent à tous les participants des Jeux une grande rapidité de soins, de la façon la plus commode.

DISCOVER THE SOUTH

Discovering the South.

It will not take long for the Olympic visitor to discover why Georgia and the region known as the South has become America's most popular vacation destination. Beyond the numerous attractions and points of interest in Atlanta, the area is rich with places of entertainment and enlightenment. From the enchantments of Disney World in Florida to the delightful country music of Nashville in Tennessee, the American South offers a range of popular culture unmatched in America.

A la decouverte du sud.

Il ne faudra pas longtemps aux visiteurs amenés par les Jeux Olympiques pour découvrir les raisons qui ont fait de la Géorgie, et de la région qu'on appelle «le Sud», une des destinations favorites des vacanciers américains. Sans compter les nombreux divertissements offerts par Atlanta, et tous ses agréments, les environs abondent en distractions aussi diverses qu'intéressantes. A partir de la Floride, où règnent les enchantements du monde de Walt Disney jusqu'au Tennessee, où la délicieuse «country music» de Nashville connaît une fortune bien méritée, «le Sud» a plus d'une façon d'offrir les riches composantes de sa culture populaire originale.

The Kennedy Space Center in Cape Canaveral, Florida (left) provides visitors with entertaining insights into space technology.

Le Kennedy Space Center, à cap Canaveral, en Floride (à gauche), donnent aux visiteurs l'occasion de s'instruire sur les technologies aérospatiales tout en se divertissant.

The magnificent Biltmore Estate in North Caroline (above) recreates the splendor of the finest French chateau.

Le magnifique domaine de Biltmore en Caroline du Nord (ci-dessus) fait revivre la splendeur du plus beau château de France.

82

Two of the South's favorite family theme parks, Six Flags and White Water, provide Atlanta's suburbs with non-stop thrills that last the whole day.

Situés aux environs immédiat d'Atlanta, «Six Flags» et «White Water» sont deux des parcs d'attractions favoris des familles. Toute la journée, la joyeuse animation des divertissements variés qu'ils offrent attirent les visiteurs.

With the incomparable charms of the Magic Kingdom, Epcot Center and the Disney/MGM studios, Disney World is the world's most popular tourist destination.

Avec les enchantements inépuisables du Royaume Magique, du Centre Epcot et des studios de la M.G.M., le Monde de Walt Disney reste le centre touristique le plus fréquenté qui soit.

The quaint charms of colonial America reverberate through the shops and restaurants that were opened in the old cotton warehouses along Savannah's wonderful Riverfront.

Les charmes pittoresques de l'Amérique coloniale se reflètent à travers les boutiques et les restaurants créés dans les vieux entrepôts de coton au bord de la rivière.

Among the Golden Isles that grace Georgia's coast, Cumberland Island, which is reached only by ferry, remains the most mythic. Wild horses roam the primitive sand dunes of this national seashore park.

Parmi les îles dorées qui jalonnent la côte de Géorgie, l'île de Cumberland, desservie uniquement par bateau, demeure la plus mythique. Des chevaux sauvages vagabondent à travers les dunes de sable de ce Parc National.

Members of the Atlanta Organizing Committee International Team shown top, left to right: Doug Gatlin, Cindy Fowler, Mayor Andrew Young and Linda Stephenson. Shown bottom left to right: Horace Sibley, Ginger Watkins, William Porter (Billy) Payne, and Charles Battle. Membres de l'équipe internationale du Comité d'Organisation d'Atlanta.

To the honored members of the IOC:

We represent a city whose deep, emotional desire for the 1996 Games is balanced by the resources and practical ability to organize one of history's most memorable Olympiads. Atlanta is a city of vision, the heart of an emerging international center of sport and commerce. As you have discovered, this bid is flavored by Atlanta's heritage of renewal, its legacy of civil rights, its undiscovered culture, its warm, hospitable people and its intense identification with the high ideals of the Olympic Movement. With its modern transportation and communication systems and its vast network of hotels, sports and exhibition facilities, Atlanta, we believe, has the capabilities to organize the Games.

But our city has no better way to give our children the kind of vision, experience and international perspective the Games will provide. For us, the XXVIth Olympiad represents a new way to teach our young people about the solidarity of humanity and the unity of the world. The first goal of the Olympic Movement is to inspire the young and foster the ideals of international harmony. In Atlanta, that goal will reach full expression. As we organize a celebration worthy of the 100th anniversary of the modern Games, you will help us prepare our youth to lead Atlanta into the next century and beyond.

Aux Membres Eminents du Comité Olympique International.

Nous représentons une ville dont le désir profond, voire émouvant, d'accueillir les Jeux de 1996 est étayé par ses ressources technologiques et par son aptitude toute particulière à organiser un des Jeux les plus mémorables de l'histoire olympique.

Atlanta est une ville avec une vision de l'avenir en tant que centre international de sport et de commerce. Vous aurez pu découvrir au fil de ces pages une ville qui a su faire de son perpétuel renouvellement une tradition, et de son héritage spirituel une force matérielle et morale. Vous aurez aussi pu découvrir le peuple chaleureux et hospitalier qui est le sien, ainsi que la parfaite concordance de ses aspirations avec les idéaux ambitieux du Mouvement olympique.

Avec ses moyens de transports, de télécommunications et d'hébergement, avec ses terrains de sport et ses salles de congrès, Atlanta saura mettre toutes ses capacités au service des Jeux, car notre ville ne pourrait trouver une meilleure façon de transmettre aux enfants du Sud l'expérience de la bonne volonté internationale et les perspectives de compréhension mutuelle et d'amitié que l'Esprit olympique apporte avec lui. Les Jeux de la XXVIe Olympiade représentent pour nous une manière concrète de rendre sensibles à ces notions les jeunes générations, ce qui est leur but primordial. Mieux que quiconque, Atlanta saurait atteindre ce but. Nous accorder d'organiser les Jeux dans une célébration digne de leur centenaire, c'est aider à conduire la jeunesse d'un peuple vers le siècle à venir.

Credits for the Atlanta Book

Chipp Jamison-Atlanta Skyline p.4
Peter Beney-North Druid Hills Neighborhood p.6
Ed Thompson-Atlanta from Kennesaw p.8
Chipp Jamison-Atlanta Today Skyline p.12
Chipp Jamison-Small Purple Skyline p.13
The Image Bank/Don Sparks-Georgia State Capitol p.13
Ed Thompson-Stone Mountain Aerial p.14
Flip Chalfant-Rising of the Phoenix p.14
The Image Bank/Janeart Ltd.-Child at the Braves game p.15
March of Dimes-March of Dimes p.15
Chipp Jamison-Light Up Atlanta p.16
Chipp Jamison-Coca-Cola Building p.18
Chipp Jamison-Atlanta Aerial p.18
Flip Chalfant-999 Building p.18
Stills/Tommy Thompson-IBM Tower p.18
Paul Efferd-AOC 5K Race p.20
Stills/Jim Richardson p.22
Atlanta Airport-Jet Tails p.23
Stills/Tommy Thompson-MARTA in the Woods p.24
Arni Katz-Green MARTA p.25
E. Alan McGee-Marriott Marquis p.28
Chipp Jamison-Atlanta Aerial p.29
Peter Beney-Peachtree Plaza p.29
Chipp Jamison-Atlanta Skyline p.29
Peter Beney-Anthony's Restaurant p.30
Flip Chalfant-Satellite Dishes p.34
Peter Beney-Rodin Sculpture p.35
Peter Beney-Emory University p.35
Ron Sherman-Chastain Park p.35
Flip Chalfant-Art Museum p.36
Atlanta Symphony-Yoel Levi p.36
Peter Beney-Emerging Statue p.36
Stills/Bill Weems-Atlanta Ballet p.36
Stills/Peter Beney-Fox Theatre p.37
The Image Bank/Frank Whitney-The High Museum of Art p.37
The Image Bank-Cyclorama p.37
Stills/Joe Stewardson-Willie B. p.37
Ron Sherman-Spirit p.40

History

Atlanta Historical Society-Indians p.44
Oglethorpe University-James Oglethorpe p.45
Georgia Department of Archives and History/Tim Gordon Map of Savannah p.45
Georgia Department of Archives and History-Ship with Cotton p.46
UPI/Bettemann-Cotton p.46
Georgia Department of Archives and History-Train Depot p.47, 48
Georgia Department of Archives and History-Sumter Lighthouse Troop p.50
Turner Entertainment Company-Bazaar Scene GWTW p.55
Atlanta Historical Society-Margaret Mitchell p.55

Timeline Foldout

Atlanta Historical Society-Sequoyah
Georgia Department of Archives and History-Cannonball Hole
Atlanta Historical Society-Zero Mile Post
Atlanta Historical Society-Pre Civil War Atlanta
Atlanta Historical Society-Father Thomas O'Reilly
Atlanta Historical Society-Rich's circa 1867
Coca-Cola-The Original Coke Bottles
Atlanta Historical Society-The Original Five Points
Coca-Cola-Circular Emblem
Coca-Cola-Robert Woodruff Portrait
Black Star-Martin Luther King, Jr.
Atlanta Historical Society-The Premiere of GWTW
UPI/Betteman-Television Set
The Image Bank/Mark Romanelli-MARTA
Peter Beney-Peachtree Plaza
Stills/Joe Stewardson-Mayor Andrew Young
Atlanta Magazine/Paul Haynes-Maynard Jackson

History (Continued)

FPG International-Louie Armstrong p.52
FPG International-Ray Charles p.52
Black Star-Martin Luther King, Jr. p.54
Atlanta Historical Society-Bobby Jones p.55
University of Georgia-Forrest "Spec" Towns p.55
International Tennis Hall of Fame and Tennis Museum
of Newport Casino, Newport R.I.-Bryan "Bitsy" Grant p.55
Baseball Hall of Fame-Hank Aaron p.55
United States Olympic Committee-Wyomia Tyus p.56
Allsport/Tony Duffy-Steve Lundquist p.56
Allsport/Tony Duffy-Jennifer Chandler p.56

Games

The Image Bank/Gary Faber-Games Intro. p.59
The Image Bank-Opening Ceremonies p.61
The Image Bank/Leo Mason-Soccer p.61
The Image Bank/Jacques Cochin-Track p.67
The Image Bank/Andy Caufield-Equestrian p.61
The Image Bank/John Madere-Atlanta Fulton County Stadium p.62
Allsport/Rick Steward-Baseball p.62
Stills/Richard Lubrant-Media Center
Allsport/Mike Powell-Judo p.63 (foldout)
Allsport/Hhei Chuang-Table Tennis p.63 (foldout)
Image Bank/Jacques Cochin-Wrestling p.63 (foldout)
Allsport/Morten Frost-Badminton p.63 (foldout)
Allsport/Russell Cheyne-Fencing p.63 (foldout)
Allsport/Russell Cheyne-Handball p.63 (foldout)
David Swann-Omni p.64 (foldout)
Allsport/Bruce Hazelton-Volleyball p.64 (foldout)
The Image Bank/Water Polo p.64 (foldout)
The Image Bank/Paul Slaughter-Field Hockey p.64 (foldout)
Allsport/Tony Duffy-Basketball p.64

The Image Bank/Paul Slaughter-Gymnastics p.64
Image Bank/Gary Faber-Swimming p.65
Allsport/Bruno Bade-Diving p.65
The Image Bank/Paul Slaughter-Synchronized Swimming p.65
Georgia Institute of Technology-Alexander Memorial Coliseum p.65
Allsport/Russell Cheyne-Boxing p.65
David Smith-Atlanta Civic Center p.66
The Image Bank/Lou Jones-Weightlifting p.66
The Image Bank/Zoo Langfield-Tennis p.66
Focus On Sports-John McDonough p.66
The Image Bank/Lou Jones-Archery p.67 (foldout)
The Image Bank/Andy Caufield-Equestrian p.67 (foldout)
The Image Bank/Adam Gesar-Canoeing p.67 (foldout)
Allsport/Pascal Rondeau-Fencing p.67 (foldout)
Allsport-Shooting p.67 (foldout)
The Image Bank/Co Rentmeester-Rowing p.67 (foldout)
David Smith-Stone Mountain Aerial p.67 (foldout)
Ed Thompson-People atop of Stone Mountain p.67 (foldout)
Focus On Sports-Yachting p.69
The Image Bank/Michael Salas-Tall ship p.74
The Image Bank/Paul Trummer-Columbus Statue p.74
Stills/Tommy Thompson-Marriott Marquis p.76
Joel Gilmore-World Congress Center p.79
David Swann-Woodruff Building at Emory p.80
The Image Bank/Kevin Rose-Piedmont Hospital p.81
The Image Bank/Cyni Isy-Scwart-Kennedy Space Center p.82
Peter Beney-Biltmore House p.82
Six Flags Over Georgia-Roller Coaster p.83
The Image Bank-Grafton Marshall Smith p.83
Image Bank/Paul Trummer-Walt Disney World p.83
Flip Chalfant-Savannah Harbor p.84
Flip Chalfant-Cumberland Island p.84
Greg Strelecki-Atlanta Organizing Committee Portrait p.85

Illustrations

The Olympic Ring Map-Tom Gonzalez p.59 (foldout)
The Olympic Stadium-Tom Schaller p.61
The Olympic Center Map-Tom Gonzalez p.63
The Georgia Dome-Rael D. Slutsky & Associates p.64
The Olympic Natatorium-Mongkol Tansantisuk p.65
The Olympic Park at Stone Mountain-Tom Gonzalez p.67
The Velodrome-Rael D. Slutsky & Associates p.68
The Olympic Village-Tom Schaller p.72
The Olympic Village Map-Tom Gonzalez p.72 (foldout)
The Olympic Festival-Rael D. Slutsky & Associates p.72 (foldout)

Designed by: Copeland Design, Inc.

Written by: The Writers Group

Printing by: IPD

Cover photography for the bronze editions:
Chipp Jamison-Vol. 1 Welcome Book
Paul Efferd-Vol. 2 Atlanta Book
Image Bank-Torch Vol. 1&2

Copyright © 1990 by the Atlanta Committee for the Olympic Games

All rights reserved.

No part of this book may be reproduced in any form or by any means without the prior written permission of the Publisher, excepting brief quotes used in connection with reviews, written specifically for inclusion in a magazine or newspaper.

Manufactured in the United States of America

First Edition

Distributed by:
PEACHTREE PUBLISHERS, LTD.
494 Armour Circle, NE
Atlanta, GA 30324